LEBENDIGES DENKEN

MIEKE MOSMULLER

LEBENDIGES DENKEN

Christus und das menschliche Denken

OCCIDENT VERLAG

Aus dem Niederländischen
von Holger Niederhausen

ISBN 978-3-00-048841-2

Internet: www.occidentverlag.de
E-mail: info@occidentverlag.de
Grafische Gestaltung: Carina van den Bergh
Umschlagabbildung: Christus in seiner Glorie, Ikone aus Zentralrussland, 17. Jahrhundert

INHALT

DRITTER TEIL

Christus in der ätherischen Welt

ERSTER TEIL

DAS WAHRE

DAS DENKEN ALS ERSTE WAHRNEHMBARE GESTALT VON CHRISTUS

EINLEITUNG

Es ist inzwischen schon wieder viele Jahre her, dass ich ein Buch über unsere Annäherung an das allerhöchste Wesen schrieb, dem wir uns zu nähern vermögen, oder besser gesagt, das sich uns nähert. Ich habe damals zu Beginn meiner Ausführungen ausgesprochen, dass ich diese mit Scheu beginne, denn welcher Mensch würde sich dazu imstande erachten, über solche fast nicht in Worte zu fassenden Dinge zu sprechen, zu schreiben. Das Buch[1] fand seinen Weg zu vielen Menschen.

Nun wurde mir die Frage gestellt, ob ich nicht einmal über die Bedeutung dieses allerhöchsten Wesens in Bezug auf das menschliche Denken schreiben könnte. Es fällt mir schwer, den Namen dieses allerhöchsten Wesens immer wieder zu nennen, und ich verstehe das Wort des Paulus, der sagt, dass die Sünde durch das Gesetz gekommen ist und dass es nur durch Christus möglich wird, sich an das Gesetz zu halten, ohne dass dieses zur Sünde führt.

‚Also seid auch ihr, meine Brüder, dem Gesetz getötet durch den Leib Christi, so dass ihr einem andern angehört, nämlich dem, der von den Toten auferweckt ist, damit wir Gott Frucht bringen. Denn solange wir dem Fleisch verfallen waren, da waren die sündigen Leidenschaften, die durchs Gesetz erregt wurden, kräftig in unsern Gliedern, so dass wir dem Tode Frucht brachten. Nun aber sind wir vom Gesetz frei geworden und ihm abgestorben, das uns gefangen hielt, so dass wir dienen im neuen Wesen des Geistes und nicht im alten Wesen des Buchstabens.

Was sollen wir denn nun sagen? Ist das Gesetz Sünde? Das sei ferne! Aber die Sünde erkannte ich nicht außer durchs Gesetz. Denn ich wusste nichts von der Begierde, wenn das Gesetz nicht gesagt hätte: ‚Du sollst nicht begehren!' Die Sünde aber nahm das Gebot zum Anlass und erregte in mir Begierden aller Art; denn ohne das Gesetz war

[1] Der Heilige Gral, Occident 2005.

die Sünde tot. Ich lebte einst ohne Gesetz; als aber das Gebot kam, wurde die Sünde lebendig, ich aber starb. Und so fand sich's, dass das Gebot mir den Tod brachte, das doch zum Leben gegeben war. Denn die Sünde nahm das Gebot zum Anlass und betrog mich und tötete mich durch das Gebot. So ist also das Gesetz heilig, und das Gebot ist heilig, gerecht und gut.

Ist dann, was doch gut ist, mir zum Tod geworden? Das sei ferne! Sondern die Sünde, damit sie als Sünde sichtbar werde, hat mir durch das Gute den Tod gebracht, damit die Sünde überaus sündig werde durchs Gebot. Denn wir wissen, dass das Gesetz geistlich ist; ich aber bin fleischlich, unter die Sünde verkauft. Denn ich weiß nicht, was ich tue. Denn ich tue nicht, was ich will; sondern was ich hasse, das tue ich. Wenn ich aber das tue, was ich nicht will, so gebe ich zu, dass das Gesetz gut ist. So tue nun nicht ich es, sondern die Sünde, die in mir wohnt. Denn ich weiß, dass in mir, das heißt in meinem Fleisch, nichts Gutes wohnt. Wollen habe ich wohl, aber das Gute vollbringen kann ich nicht. Denn das Gute, das ich will, das tue ich nicht; sondern das Böse, das ich nicht will, das tue ich. Wenn ich aber tue, was ich nicht will, so tue nicht ich es, sondern die Sünde, die in mir wohnt. So finde ich nun das Gesetz, dass mir, der ich das Gute tun will, das Böse anhängt. Denn ich habe Lust an Gottes Gesetz nach dem inwendigen Menschen. Ich sehe aber ein anderes Gesetz in meinen Gliedern, das widerstreitet dem Gesetz in meinem Gemüt und hält mich gefangen im Gesetz der Sünde, das in meinen Gliedern ist. Ich elender Mensch! Wer wird mich erlösen von diesem todverfallenen Leibe? Dank sei Gott durch Jesus Christus, unsern Herrn! So diene ich nun mit dem Gemüt dem Gesetz Gottes, aber mit dem Fleisch dem Gesetz der Sünde.'[2]

Ich denke an das dritte Gebot:

Du sollst den Namen des HERRN, deines Gottes, nicht missbrauchen; denn der HERR wird den nicht ungestraft lassen, der seinen Namen missbraucht.[3]

---

[2] Paulus, Römerbrief 7, 4-25.
[3] 2. Mose 20, 7.

Ich kann nicht schreiben, ohne immer wieder diesen Namen zu nennen. Ich habe, als ich jung war, dieses Gebot mehr als ein Gebot, nicht zu fluchen, aufgefasst. Wenn man den Weg einer selbstständigen Entwicklung des Denkens geht und man findet den Weg, dieses Denken mit dem Fühlen und dem Wollen in Verbindung zu halten – oder besser gesagt, von neuem damit in Verbindung zu bringen –, dann wird dieses dritte Gebot etwas, was viel nuancierter ist. Diese Nuancierung liegt in der Tatsache, dass man immer mehr mit seinem bewussten Willen im Denken lebt, auch wenn man spricht und schreibt. Es kommt dann so weit, dass man selbst *erlebt*, wie man als Mensch tatsächlich überhaupt nicht imstande ist, die Ehrfurcht, die bei dem Nennen dieses Namens notwendig ist, in voller Stärke zu haben, wenn man spricht und schreibt.

Diese Worte muss ich dem, was ich schreiben werde, vorausgehen lassen. Ich werde den Namen *Christus* immer wieder gebrauchen, weil es um Ihn geht. Würde ich diesen Namen nicht gebrauchen, so müsste ich in Umschreibungen schreiben, und das wäre eine Form von Verleugnung. Ich werde also öffentlich über die Bedeutung von *Christus für das menschliche Denken* schreiben und umgekehrt: die Bedeutung des menschlichen Denkens für die Versuche, Annäherung an dieses allerhöchste Wesen zu suchen, das schon bei den Menschen ist: *Christus*.

PARADOX

Es ist in allen esoterischen Richtungen als eine Tatsache bekannt, dass das Denken in Begriffen und die logische Verbindung zwischen diesen Begriffen, das heißt, das Denken, das auch in die Erinnerung aufgenommen werden kann, einen dichten, undurchdringlichen Schleier über alles Geistige webt, sowohl in der Natur und im Kosmos, als auch im Menschen selbst.

Eine Annäherung an das rein geistige Wesen Christus mit Hilfe des Denkens in Begriffen und in logischen Verbindungen zwischen den Begriffen zu suchen, scheint also etwas zu sein, was jedweder esoterischen Bewegung entgegengesetzt ist. Andererseits gibt es kein anderes inneres Element, in dem der Mensch leben kann, in dem er das volle Bewusstsein, die volle Erkenntnis und auch die volle Selbsterkenntnis haben kann, als nur eben wieder dieses Denken in Begriffen und den logischen Verbindungen darin. Das ist die paradoxe Situation, in der der moderne Mensch sich befindet. Sucht er den Zugang zum Übersinnlichen, dann muss er dieses auf dem Weg finden, auf dem er vom Denken abzusehen lernt, doch sein Urteilsvermögen, insoweit dieses bewusst gehandhabt wird, würde damit gleichzeitig auch abgelegt werden.

Wenn wir den Menschen als in einer Entwicklung zu einem immer bewussteren und selbstbewussteren inneren Wirken befindlich sehen, dann scheint es, als ob wir vor die Wahl gestellt sind: Entweder wir folgen dem Weg zu dem immer schärfer und klarer werdenden Bewusstsein und Selbstbewusstsein, sehen aber dabei von aller esoterischen Entwicklung ab, oder wir entscheiden uns für eine innere esoterische Entwicklung und müssen dann also von einem Weiterentwickeln unseres scharfen, klaren Bewusstseins und Selbstbewusstseins absehen. Oder wir müssen imstande sein, in zwei Welten zu leben, einerseits in einer Entwicklung zu diesem immer schärferen Alltagsbewusstsein und Selbstbewusstsein, andererseits müssen wir dann in dafür gewählten Momenten dieses gerade ablegen und in die Welten eines ganz anderen Bewusstseins untertauchen.

Diese dritte Möglichkeit scheint der Mittelweg zu sein, der richtige Mittelweg. Aber dann würden wir – auf eine andere Weise als zuvor – der alten Trennung zwischen Glaube und Wissenschaft nachgeben. Unser immer schärfer werdendes Alltagsbewusstsein könnten wir dann als unser *Wissenschafts*bewusstsein ansehen, während unsere esoterische Entwicklung dann in Übereinstimmung mit demjenigen gesehen werden könnte, was stets *Glaube* genannt wurde. Eine Vermählung zwischen beiden könnte niemals zustande kommen, denn in dem Moment, wo die Wissenschaft den Glauben auch nur berührt, wird der Glaube entzaubert, oder wird die Wissenschaft bezaubert. Wenn dies der richtige Mittelweg wäre, dann würde es bis in alle Ewigkeit so bleiben, dass der Mensch einerseits zu einem vollbewussten wissenschaftlichen Denken kommt, mit dem er jedoch nie den Christus anschauen könnte – und dass er auf der anderen Seite Ausnahmemomente kennt, in denen er imstande ist, dieses wissenschaftliche Denken völlig abzulegen, um dann in einer Art von mystischer Ekstase sehr wohl den Christus zu schauen.

Es könnte sein, dass man sich damit zufrieden gibt. Doch dann müsste man wissen, dass das, was die moderne Gabe des Menschen ist, sein Intellekt, sich dann nur außerhalb des bewussten Erlebens von Christus weiter entwickeln könnte. Und wenn das menschliche Wissen verlassen wird, steigt natürlich auch die Frage auf: Wie kommt dann das Erkennen zustande, dass man es in seiner Ekstase auch wirklich mit Christus zu tun hat, und nicht zum Beispiel mit demjenigen, der ausschließlich zu einem bestimmten Geist führen will, mit Luzifer?

Dieses Paradox wird der Leitfaden in diesem Buch sein. Es ist deutlich, dass dies nicht mit einigen wenigen Worten in ein Gleichgewicht zu bringen ist. Wir werden uns in das Denkvermögen des Menschen vertiefen müssen; wie dieses mit dem Fühlen und dem Wollen in Verbindung steht und wie die Entwicklung vielleicht so geführt werden kann, dass ein Denken entwickelt wird, das tatsächlich nicht mehr zu dem Denken in logischen Verbindungen gehört, das aber die ursprüngliche Verbundenheit mit dem Fühlen und dem Wollen wiederfindet. Mit anderen Worten: Ist es möglich, unter Erhalt des denkenden Bewusstseins zu einem Erleben in Ekstase und Mystik zu kommen, wobei dasjenige im Denken, was die Schleier vor die geistige Welt webt, abgelegt wird und dasjenige im Denken, was das Wesentliche für das bewusste Erkenntnisvermögen ist, behalten wird?

Das Wort ‚Logos', ‚Verbum', ‚Wort', mit dem das Johannes-Evangelium beginnt, deutet auf die Kongruenz von Christus mit dem Logos hin. Christus *ist* der Logos. Aber wenn Christus der Logos ist, dann müssen die Begriffe in unserem Denken und die logischen Verbindungen zwischen ihnen *Christus wesenhaft sein*. Dann muss es ein verhängnisvolles Missverständnis sein, dass wir das Denken abschaffen müssten, wenn wir zum Schauen von Christus kommen wollten. Wir würden schließlich gerade sein Wesen ablegen.

Es sind in der Geschichte großartige Texte über die Bedeutung jenes ‚Im Anfang war das Wort...' zu finden. Ich zitiere Johannes Scotus Eriugena, wie er den Begriff *Logos* deutet:[4]

> ‚Höre das heilige und unaussprechliche Paradoxon, das nicht ergründbare Geheimnis, das unsichtbare, unerschöpfliche, unfaßbare Mysterium! Durch das nicht Geschaffene, sondern Gezeugte (Geborene) ist alles geschaffen, aber nicht gezeugt (geboren). Der Anfang, *aus* dem alles ist, ist der Vater; der Anfang, *durch* den alles ist, ist der Sohn. Der Vater spricht sein Wort, d.h. der Vater gebiert seine Weisheit, und alles entsteht. Der Prophet spricht: ‚Alles hast du in Weisheit gemacht'; und an anderer Stelle, die Person des Vaters betrachtend: ‚Mein Herz hat hervorgebracht'. Und was brachte sein Herz hervor? Der Vater selbst erklärt: ‚Ich spreche das gute Wort', das gute Wort spreche ich, den guten Sohn zeuge ich. Das ‚Herz' des Vaters ist seine eigene Wesenheit (substantia), durch die die eigene Wesenheit des Sohnes gezeugt ist; der Vater geht dem Sohn nicht der Natur nach, sondern als Ursache voraus. Höre den Sohn selbst sagen: ‚Der Vater ist größer als ich', seine Wesenheit (substantia) ist die Ursache meiner Wesenheit. Es geht, sage ich, der Vater dem Wort der Ursache nach voraus; das Wort

[4] Johannes Scotus Eriugena: Homelia in Prologum S. Evangelii secundum Joannem. Übersetzt durchWolf-Ulrich Klünker: Johannes Scotus Eriugena, Denken im Gespräch mit dem Engel, Verlag Freies Geistesleben, 1988, S. 73.

aber geht allem, was durch es geworden ist, natürlicherweise voran. Die Wesenheit des Sohnes ist mit dem Vater gleichewig. Die Wesenheit dessen, was durch es geworden ist, begann in ihm zu sein vor den Weltzeiten, nicht *in* der Zeit, sondern *mit* den Zeiten. Die Zeit ist nämlich inmitten des Übrigen geschaffen, das geschaffen ist: nicht aber *vorher*geschaffen, sondern *mit*geschaffen.'

Daran anschließend kennen wir die Begriffsbildungen durch Thomas von Aquin, der sich in seinem Kommentar über den Prolog des Johannes-Evangeliums ausführlich über den Logos ausspricht:[5]

,Zweitens können wir aus dem Dargelegten erschließen, daß das Wort immer in einem lebendigen Denkvorgang aus dem Geist hervorgeht, und weiter, daß das Wort stets der Begriff und ein Abbild des gedachten Gegenstandes ist. Wenn das Denkende und das Gedachte dasselbe sind, dann ist das Wort der Begriff und ein Abbild des Geistes, aus dem es hervorgeht; wenn jedoch das Denkende und das Gedachte etwas Verschiedenes sind, dann ist das Wort kein Abbild und nicht der Begriff des denkenden (Geistes), sondern des gedachten Gegenstands, wie die Vorstellung, die jemand von einem Stein hat, lediglich ein Abbild des Steines ist. Wenn aber der Geist sich selbst denkt, dann handelt es sich bei einem solchen Wort um ein Abbild und um den Begriff des Geistes. Deshalb nimmt Augustinus ein Abbild der Dreieinigkeit (Gottes) in der (menschlichen) Seele an, sofern der Geist sich selbst denkt, nicht aber, sofern er etwas anderes denkt. Demnach ist deutlich, daß man das Wort in jedem geistigen Wesen voraussetzen muß; denn aus dem Begriff des Denkens ergibt sich, daß der Geist durch das Denken etwas bildet: dessen Bildung wird Wort genannt. Aus diesem Grunde muß man in allem Denkenden das Wort annehmen.'

Thomas von Aquin ist einer der mittelalterlichen Denker, bei dem die Polarität zwischen dem äußeren wissenschaftlichen Denken und dem Denken der Offenbarung zum Thema geworden ist. Es ist eindrücklich, zu erleben, wie einige Jahrhunderte vor dem Beginn der modernen wissenschaftlichen Entwicklung ein Mann in der Kirche

[5] Thomas von Aquin: Super Evangelium S. Joannis Lectura (I, 1-11). Übersetzt von W.U. Klünker. Verlag Freies Geistesleben, 1986, S. 20.

seine Gedanken darüber formt, wozu das menschliche Denken imstande erachten werden darf. Er schreibt das Folgende:

‚Das heißt also eigentlich, dass wir am Ende unseres Denkprozesses Gott als den Unbekannten erkennen, weil der Geist das Vollkommenste im Erkennen Gottes dann gefunden hat, wenn dieser Geist erkennt, dass Gottes Wesen über alles hinausgeht, was er imstande ist, verstehen zu können.

Auch wenn das Auge des Nachtvogels die Sonne nicht sieht, das Auge des Adlers sieht die Sonne.'

Thomas von Aquin fährt dann fort in Bezug auf das Auge des Adlers und sagt:[6]

‚So sehr es auch nur eine winzige Kleinigkeit ist, was der erkennende Geist an Erkenntnis Gottes fassen kann, so ist dies doch sein letztes Ziel, mehr als die vollkommene Erkenntnis des geringeren Erkennbaren.

Soviel der Mensch sich dem Ergründen der Weisheit hingibt, so viel hat er bereits Anteil an der wahren Glückseligkeit.'

Ein anderes Zitat:[7]

‚Dies aber, was über Gott oben vorgetragen wurde, haben mehrere Philosophen der Heiden scharfsinnig erwogen, obwohl etliche von ihnen bezüglich des Obengesagten irrten. Es wird uns aber in der Lehre der christlichen Religion noch anderes über Gott mitgeteilt, wozu sie nicht gelangen konnten, worüber wir aber gemäß dem christlichen Glauben über menschlichen Sinn hinaus unterrichtet werden, nämlich, dass Gott, obwohl Er ein einziger und einfacher ist ... dennoch Gott Vater, Gott Sohn und Gott Heiliger Geist ist, und diese drei nicht drei Götter, sondern ein einziger Gott sind.

...

Auch wird dem Menschen dadurch, durch die Menschwerdung Christi, ein gewisses Beispiel für jene selige Vereinigung gegeben, durch die der erschaffene Verstand mit dem unerschaffenen Geist im Verstehen verei-

[6] Thomas von Aquin, Sentenzen über Gott und die Welt, Johannes Verlag, Einsiedeln.

[7] Thomas von Aquin, aus: Berthold Wulf, Die Kategorien des Aristoteles, Okeanos-Verlag 1988, S. 118.

nigt wird. Es bleibt nämlich nicht unglaublich, dass der Verstand des Geschöpfes mit Gott vereinigt werden kann, indem er dessen Wesen schaut, nachdem Gott mit dem Menschen vereinigt wurde, indem er dessen Natur nahm. Dadurch wird auch in gewisser Weise die Gesamtheit des göttlichen Werkes vollendet, indem der Mensch, der zuletzt erschaffen wurde, in einer Art Kreislauf zu seinem Ursprung zurückkehrt, nachdem er durch das Werk der Menschwerdung mit eben dem Ursprung der Dinge vereinigt ist.'

Aus den ersten Zitaten geht hervor, dass man meinte, dass mit dem menschlichen Denken der Geist, Gott, nicht gefunden werden kann. Das Erkennen Gottes wurde als etwas betrachtet, was nicht mit dem menschlichen Denken zustande kommen kann. Dafür musste man sich der Ekstase, Mystik und Offenbarung zuwenden. Dennoch klingt in diesem späten Mittelalter bei Thomas – in dem letzten Zitat – auch die Frage an, ob es einst möglich werde, dass das menschliche Denken *selbst* die Quelle wird, von der aus der Geist geschaut werden kann. Dass dies nicht das abstrakte Denken in logischen Zusammenhängen sein kann, möge deutlich sein. Doch ich hoffe, ebensosehr deutlich gemacht zu haben, dass eine esoterische Entwicklung *mit Verlust des Denkens* notwendigerweise zu einem Verlust des Unterscheidungsvermögens in der geistigen Welt führen müsste.

DAS WORT ALS BENENNUNG

Um nun das moderne Denken kennenzulernen, von dem mit Recht gesagt wird, dass es wie ein Schleier vor die geistige Welt gewoben wird, wodurch diese für den Menschen nicht mehr zu erleben ist, zu erkennen ist, ist es wichtig, dass wir uns zuerst darauf besinnen, was das *Wort* in unserer Zeit für eine Bedeutung hat.

In den Aussagen von Thomas von Aquin und Johannes Scotus Eriugena klingt noch etwas von dem Bewusstsein nach, dass das gesprochene und gedachte Wort in einer direkten Verbindung mit dem göttlichen Wort gesehen werden muss. Bei beiden Denkern ist das Abstraktwerden des Wortes dennoch schon weit fortgeschritten, doch es ist noch lange nicht so abstrakt, wie es in unserer Zeit geworden ist. In den Texten kann man noch etwas von einer Erinnerung an wirklich alte Zeiten erleben, in denen ‚Logos' für den Menschen eine ganz andere Wirkung hatte.

In unserer modernen Zeit hat das Wort tatsächlich alle Wirkung verloren. Natürlich, ein Mensch kann, indem er spricht, durchaus Wirkung auf seine Mitmenschen ausüben. Es sind dafür positive wie negative Beispiele bekannt. Aber in einem solchen Fall ist es nicht das Wort, das wirkt, sondern ist es die Begeisterung des Sprechers, der die Worte gebraucht, welche wirksam ist. Das Wort selbst ist zu einer Benennung abgeschwächt.

In der Schule bekommen wir noch Unterricht in Grammatik. Da lernen wir unterscheiden, was ein Namenswort (Nomen) und was ein Tätigkeitswort (Verb) ist. Das Namenswort funktioniert als eine Benennung, das Tätigkeitswort deutet auf eine Aktivität, ist aber tatsächlich auch nicht mehr als eine Benennung dieser Aktivität. Wenn man sagt: ‚Hans arbeitet', dann ist das Wort ‚Hans' der Name für eine bestimmte Person, und das Wort ‚arbeitet' drückt aus, womit er beschäftigt ist. Doch indem man sagt ‚Hans arbeitet', ist er noch nicht wirksam.

Es ist auf unserem Wege zu einem Begriff des Logos und des menschlichen Denkens von großer Bedeutung, dass wir so klar und ehrlich wie möglich in uns selbst erkennen, dass das Wort an sich zu einer bloßen Benennung abgeschwächt worden ist. Wenn wir das Wort verwenden, um ein Ding oder einen Prozess außerhalb von uns anzudeuten, dann sprechen wir mit Hilfe des Wortes aus, was wir wahrnehmen. Es ist in Wirklichkeit nicht die Wahrnehmung, die wir aussprechen, sondern es ist das *Wissen* von der Wahrnehmung, die benannt wird.

Die meisten Menschen in unserer Zeit sprechen innerlich, wenn sie denken. Der Mensch spricht innerlich seine Gedanken aus, und auch da ist das innerliche Sprechen in Wirklichkeit das Benennen. Auch da werden Tatsachen und Prozesse, die man gewahr wird, im Aussprechen benannt. Auch wenn man phantasiert und diese Phantasie mit Worten begleitet, sind diese Worte eine Benennung der Phantasie.

Aristoteles ist der erste Philosoph, der sich schon in der griechischen Zeit im vierten Jahrhundert vor Christus des Denkens und des Wortes als Benennung des Gedankens bewusst wird. So stellt er die Reihenfolge auf: Die Tatsache, die Abbildung (Vorstellung) der Tatsache, die Gedanken über die Tatsache, die Benennung der Gedanken und eventuell das Aussprechen oder Aufschreiben dieser Worte. Das ist eine präzise Beschreibung dessen, was der Mensch fortwährend tut.

In unserer Zeit können wir sagen, dass das Ding, die Tatsache, als etwas Fremdes außerhalb unserer selbst erlebt wird; dass wir die Abbildung dessen, die sich eigentlich in unserem Inneren vollzieht, als zu diesem außerhalb befindlichen fremden Ding gehörend annehmen; dass wir den Übergang der Vorstellung in den Gedanken nicht bemerken; und dass wir auch den Übergang des Gedankens zum Wort nicht bemerken. Das Wort ist dann als Gedanke in uns anwesend, aber weil wir den ganzen dazwischenliegenden Prozess gleichsam verschlafen, verflacht das Wort zu einer bloßen Benennung.

Wir haben Worte für alles, und wenn wir sie nicht haben, dann denken wir sie uns aus. Weil es verschiedene Sprachen gibt, weil wir als Menschheit einander mit Hilfe des Wortes zweifellos nicht ohne weiteres verstehen können, hat sich in uns die Überzeugung festgesetzt, dass Worte in Wirklichkeit zur Gewohnheit gewordene Erfindungen sind. Wenn ich die Rose im Garten blühen sehe, habe ich etwas Wesentliches wahrgenommen, doch das verschlafe ich immer. Was mir bewusst ist, sind die Worte. Die Rose im Garten blüht. Rose, Garten, Blüte ... Benennungen für wesentliche Dinge und Prozesse, abgeflacht zu Worten, in Bezug auf die wir offensichtlich davon überzeugt sind, dass es zur Gewohnheit gewordene Erfindungen sind.

Wenn man viel spirituelle Literatur gelesen hat, wenn man mit dem Werk Rudolf Steiners bekannt ist, wird man nun dazu verleitet, auszurufen: ‚Ja, das ist Standpunkt des *Nominalisten*. Ich bin das nicht, ich gehöre zu den *Realisten*! Ich weiß, dass die Dinge und Tatsachen wirklich existieren und dass die Worte, die ich dafür verwende, gleichsam von den Dingen und den Tatsachen selbst gebildet sind!'

Das kann man sehr leicht einwenden, und es ist um so leichter, weil es natürlich auf Wahrheit beruht. Dieser Wahrheit wollen wir uns in diesem Buch schließlich nähern. Nur gibt es da eine Aussage, bei der man doch etwas länger verweilen muss, und das ist der Ausruf: Ich bin ein Realist! Denn ich – die Schreiberin dieses Buches – bin der Meinung, und diese Meinung wird von vielen Wahrnehmungen gestützt, dass es in der westlichen Kultur *keine Realisten gibt*. Sie gibt es nur, wenn sie sich dazu erzogen haben, und das ist ein äußerst mühsamer Weg, der als sein Fundament die Erkenntnis hat, dass man tief im Herzen und bis in die Knochen ein *Nominalist* ist.

Es kann natürlich sein, dass man sich sehr genau bewusst ist, dass, wenn man sagt ‚Die Rose in meinem Garten blüht', wirklich ein Rosenstrauch im Garten steht, mit Wurzeln in der Erde, der im Frühling ausgetrieben hat und der nun zur Blüte gekommen ist. Doch ändert dies nichts daran, dass die Benennung viel stärker im Bewusstsein lebt als jenes Ahnen der Wirklichkeit.

Es ist wirklich der erste Schritt auf unserem Weg zu einer Annäherung an Christus und *Sein* Denken, dass wir eine Selbsterforschung verrichten, die sich auf das Wesen des gesprochenen und gedachten Wortes richtet, das sich in uns in Selbsterkenntnis offenbart. Es ist eine Erkenntnis, die fruchtbar werden wird.

Der moderne Mensch gebraucht das Wort als *Name*.

In der lateinischen Übersetzung des Prologs des Johannes-Evangeliums steht:

In principio erat Verbum,
et Verbum erat apud Deum,
et Deus erat Verbum.
Hoc erat in principio apud Deum.

Im Lateinischen steht anstelle von ‚Logos' ‚Verbum'. Es ist bis in die heutige Grammatik so, dass ‚Verbum' auf das Tätigkeitswort bzw. Verb deutet.

Nicht ein *Name* wird von Johannes gemeint, sondern ein *wirkendes Wort*. Das kennen wir sprechenden Menschen nicht. Wir kennen nur noch *Nomen*, auch wenn wir *Verbum* verwenden. Bewusstwerdung bedeutet für den modernen Menschen, den Gedanken zu benennen, sich des Namens bewusst zu werden und den Gedanken zu vergessen.

Wenn wir meinen würden, dass wir in diesem benannten Wort die ursprüngliche, formbildende Kraft der Sprache finden könnten, dann sind wir hoffnungslos auf einen Irrweg geraten. Denn der Name hat sich vom Wesen getrennt, und wenn man in diesem abgetrennten Namen das Wesen finden wollte, fände man nur den Nationalismus, der mit der Trennung der Sprachen zusammenhängt.

Das erste Rätsel, das sich auf unserem Weg zeigt, ist also die Frage: Wie verbinde ich das Wort wieder mit dem Gedanken, den Gedanken mit der Vorstellung (Abbild), die Vorstellung (Abbild) mit dem Ding, das sich dann vielleicht *als geronnenes Wort offenbaren* wird.

DAS HEILIGEN DES NAMENS

Das geschriebene, das gesprochene, das gedachte Wort steht bei dem modernen Menschen so ausgesprochen im Vordergrund, dass es eine unmögliche Aufgabe wäre, wenn man sich dazu bringen wollte, unmittelbar in reinen Gedanken anstelle von Worten denken zu lernen. Aufgrund der alten Texte von zum Beispiel Thomas von Aquin, aber auch Augustinus, kann man noch immer eine *Ahnung* davon bekommen, dass das gesprochene Wort, das Wort an sich, wie wir es in der Sprache kennen, ursprünglich viel größer ist als das, was wir als Gebrabbel und Geschwätz, als Mittel zu Propaganda und Reklame kennen.

Wir können in uns, wenn wir dafür eine bestimmte Anlage haben, noch immer diese Ahnung kultivieren, dass das Wort – in der Bedeutung, wie wir es verwenden, Wort in der Sprache – kein Gedankengespinst ist, welches aus abstrakt denkenden Menschengehirnen hervorgegangen ist, sondern dass es ursprünglich Aussprachen der Dinge selbst sind. Man stelle sich vor, dass ein Kind geboren werden würde, das den Namen nicht durch die Eltern gegeben bekommt, sondern das aus einem Urwissen heraus den eigenen Namen aussprechen würde. Das können wir uns nicht vorstellen, aber eine solche Vorstellung bildet die Brücke zu der vorsichtigen Vorstellung des Namens als zu Klang gewordenem Wesen des Dinges.

So, wie die Rose, wenn sie ihren Duft verbreitet, nichts anders kann, als Rosenduft zu verbreiten, würde man sich vorstellen müssen, dass sie auch ihren Namen verbreitet hat, als etwas, was noch flüchtiger, noch ätherischer, noch ungreifbarer ist als der sich verflüchtigende Duft. Wir können sehr gut unterscheiden zwischen dem Duft einer Rose und dem Duft von Lavendel, auch wenn die Pflanze selbst nicht sichtbar ist. Daraus geht hervor, dass sie ihr Wesen in diesem Duft gleichsam mit verflüchtigt, wodurch man sie erkennen kann, wenn man sie riecht.

So würde man sich sehr vorsichtig das klingende Wort gleichsam als eine noch feinere ‚Ausdünstung' des Dinges vorstellen können. Dann kann man hierdurch allmählich mit der Idee vertraut werden, dass ein Name die Erscheinung ist, ein Klang des Wesens, des Dinges.

Auch wenn man noch so achtlos mit der Namensgebung umginge – wenn man bereit wäre, auf diese Weise einmal über den Namen nachzudenken, könnte man sich dazu erziehen, ganz anders mit dem Wort als Namen umzugehen. Man würde beginnen, zu ahnen, dass der Name des Dinges, des Objektes, welcher Art es auch sei, die Heiligkeit des Objektes ausspricht. Man würde mit immer mehr Verwunderung zuhören können, wie Menschen, die eine andere Sprache sprechen, andere Klänge als Sprache der Objekte hören.

In anderen Gebieten, wo ein anderes Klima herrscht, wo der Volkscharakter ganz anders ist, sprechen auch die Dinge sich in anderen Klängen aus. Man würde dann immer mehr Verständnis für die Tatsache gewinnen, dass hier kein ‚richtig' oder ‚unrichtig' eine Rolle spielt, kein ‚wahr' oder ‚nicht wahr', kein ‚mehr' oder ‚weniger', sondern dass hier ausschließlich die Rede von qualitativen Unterschieden ist, wobei das Objekt sein Wesen so ausspricht, wie es zu der Gegend und dem Volk, das diese Sprache spricht, passt.

Das moderne Vermögen zu einem Sich-Einleben ist schwach. Wir verwenden unsere Worte, unsere Sprache, die Zusammenhänge zwischen den Worten achtlos. Einmal gelernt ist gelernt. So ist es auch mit der Sprache, und es würde sehr viel von unserer Wachsamkeit, von unserem Gewahrsein verlangen, wenn wir unsere Aufmerksamkeit plötzlich *im Wort selbst* entfalten müssten. Man lebt so neben seinem Leben her. Man spricht, man ist ganz zuhause in seiner Sprache, und das Sprechen ist vor allem auf das Mitteilen von Bedeutung gerichtet, nicht auf die Bedeutung des Wortes selbst.

Aber wir sind auf die Suche nach einer Annäherung an den Logos gegangen, und der Logos ist das Wort, und das Wort hat zwei Bedeutungen. Es bedeutet Wort als Klangbedeutung, aber auch Wort als Begriffsbedeutung. Weil das Klangwort so prominent in uns lebt, weil dieses das ganze tägliche Leben erfüllt, ist unser erster Auftrag auf dem Pfad zu einer Einheit von Logos und menschlichem Denken die *Heiligung des Namens.*

Wir werden – wie schwierig es auch sei – doch versuchen müssen, in dem Namen die Heiligkeit des Objektes wiederzufinden.

In anderen Kulturen als der europäischen oder amerikanischen findet man dafür viel mehr Anlage. In einem Buch über Zen-Buddhismus las ich einmal die Frage des Meisters an den Schüler: Was ist die Buddha-Natur? Der Lehrling gab als (richtige) Antwort: Die Zypresse im Klostergarten. Eine solche Frage und eine solche Antwort führen mehr oder weniger unmittelbar zur Heiligung des Namens, auch wenn da die Antwort auf die Frage nach der Buddha-Natur, nicht nach dem Logos, gegeben wird.

In der westlichen Kultur brauchen wir die innere Übung durch Meditation, um die notwendige innere Ruhe und Aufmerksamkeit wiederzufinden, die man braucht, wenn man den Namen heiligen will.

Wir können die Dichtkunst zu Hilfe rufen, denn der Dichter steht der Heiligung des Namens am nächsten. Der Dichter überträgt nicht so sehr Bedeutung. Der Dichter verwendet das klingende Wort und die Rhythmen in der Sprache, um Gewahrwerdung, um das Erleben zu übertragen. Doch wie wenig einfühlendes Vermögen hat der moderne Mensch auch für die wahre Dichtkunst nur noch...

Wir werden zur Übung übergehen müssen, um diese innere Erfüllung des Wortes in dem, wie es klingt und wie es vom Objekt ausgesprochen wird, wiederzufinden.

Es ist Sommer, und ich sitze im Garten. Tuin, garden, Garten, jardin, giardino... Wenn ich an das Wort glaube, daran, dass es wirklich klingend ausdrückt, was es ist, dann wird der Garten für mich auf einmal von seiner Alltäglichkeit befreit, auch von dem persönlichen Aspekt *meines* Gartens befreit. Ich höre in dem Wort, was ein Garten ist, und auch das Sitzen im Garten bekommt eine ganz andere Bedeutung. Tuin, Zaun, garden, cordon, omgord – umzäunt...

Ich trinke ein Glas Wasser. Water, water, wasser, eau, agua, aqua.

Zuerst trank ich das Glas Wasser einfach, weil ich Durst hatte. Nun höre ich in diesen verschiedenen Varianten des Wortes wirklich die Quelle des Lebens aufwallen. Mein nüchternes abstraktes Sein fühlt die Neigung aufkommen, dies für Unsinn zu erklären... Doch es ist eine wohltuende Übung, und hat man einmal davon gekostet, lässt man es sich nicht mehr nehmen.

So kann ich auch einen Satz, der aus Worten besteht, innerlich meditieren. Meine Einstellung hat sich ganz verändert. Obwohl ich bei den Worten vielleicht kein umfassendes Verstehen habe, glaube ich nun, dass die Worte Namen des Wesens sind und dass sich in dem Namen das Wesen ausspricht.

Die Weisheit lebt im Licht. Weisheit ... lebt ... im Licht...

Ich könnte vielleicht nicht viel darüber sagen, was Weisheit nun eigentlich ist, aber ich kann mich in dem Vertrauen üben, dass das Wort ‚Weisheit' der Name ist, den die Weisheit selbst von sich ausspricht. Dann wird dieses Wort, dieser Name, wirklich geheiligt. Wenn ich in der Meditation dann diese drei bedeutsamen Worte, Namen, miteinander in Verbindung bringe: Weisheit ... lebt ... Licht ..., dann kommt eine besondere Wirkung in Gang.

Licht... Natürlich kenne ich das Licht. Ich bin den ganzen Tag darin. Aber kenne ich auch das Wesen des Lichtes? Vielleicht habe ich Physik studiert und kann sehr viel Wissen über das Licht produzieren. Wenn ich jedoch meditiere, dann ist das Wort ‚Licht' der geheiligte Name, der durch das Wesen, das das Licht ist, selbst ausgesprochen ist. Nicht absolut, es ist eine Fülle von Metamorphosen in diesem klingenden Namen möglich: licht, light, Licht, lumière, luz, luce, lux...

Doch gerade wenn man diesen verschiedenen Sprachen, die das Wesen ‚Licht' spricht, lauscht, bekommt man eine große, tiefe Ehrfurcht vor dem Namen, der geheiligt wird.

DAS WORT ALS LEERE HÜLSE

Nun ist das gesprochene Wort, wie wir es in unserer Zeit verwenden, zu einer leeren Hülse geworden. Darum ist es für die meisten Menschen nicht ohne weiteres möglich, von dem Erleben des Wortes aus zu dem Wesen des Dinges zu kommen. Das, was ich als Heiligung des Namens beschrieben habe, wird für die meisten Menschen, wenn sie versuchen, eine solche Übung zu machen, zu Frustration führen, weil etwas, das leer geworden ist, sich nicht von selbst füllen wird. Der mehr künstlerische Mensch wird hier möglicherweise etwas erreichen können, der dichterisch veranlagte Mensch hat hierzu die meiste Neigung.

Einerseits können wir uns also mit einem Vertrauen durchdringen, dass dasjenige, was wir als Wort, als Benennung kennen, ein wesentlicher Ausdruck des Objektes ist; andererseits werden die meisten Menschen ehrlich zugeben müssen, dass sie nicht weiter kommen als zu einem Vertrauen und dass es nicht gelingt, in einem klingenden Wort auch wirklich das Wesen eines Dinges zu erleben.

Der moderne Mensch hat die Aufgabe, das Wort wieder füllen zu lernen. Womit muss das Wort dann erfüllt werden? Mit der anderen Seite des Wortes, und das ist der Begriff.

Wenn ich das Wort ‚Weisheit' ausspreche, sei es mit meiner Stimme, sei es innerlich, kann ich sicher das Vertrauen haben, dass dieses Wort eine ‚Wiedergabe' von dem ist, was Weisheit im vollen Umfang der Bedeutung ist. Andererseits weiß ich auch ehrlich, dass dies für mich nicht genug sein kann. Ich will auch wirklich eine Ausfüllung für das Wort ‚Weisheit' finden, am liebsten eine wachsende Ausfüllung, eine Bedeutung, die immer weiter und inhaltsvoller wird, wodurch ich mich gleichsam von der anderen Seite des Wortes aus dem Wesen der Weisheit nähere.

Dafür werde ich viel studieren müssen. Wir werden sehen, dass wir diese inhaltliche Vertiefung wirklich brauchen und dass es uns durch die Erfüllung des Wortes ‚Weisheit' mit seinem wachsenden Begriff auch immer leichter fällt, in der sinnlichen Klangwirkung des Wortes das Wesen zu finden.

Thomas von Aquin spricht aus, dass das Wort Begriff und Abbild des gedachten Objektes ist, und er spricht aus, dass, wenn das Wort von einem *äußeren* Objekt spricht, dieses Wort dann nicht Begriff und Abbild des denkenden Geistes ist, während, wenn das Wort über den *Geist* spricht, aus dem es hervorgeht, es dann sehr wohl Begriff und Abbild dieses Geistes ist.

Wir können an diesem Ausspruch erfahren, wie sehr im späten Mittelalter, in der Zeit der Scholastik, der Begriff des Wortes selbst schon abstrakt zu werden begann. Im vorigen Kapitel habe ich gerade versucht, zu zeigen, dass, wenn das Wort der Name eines äußeren Objektes ist, es dann sehr wohl der Geist dieses Objektes ist, der dieses Wort als Wort dem Menschen gegeben hat. Das ist bereits eine weitergehende Auffassung von ‚Wort', als wir sie bei Thomas von Aquin noch kennengelernt haben. Wohl spricht er von dem Wort als Abbild. In diesem Sinne sah er auch bei dem Namen eines äußeren Objektes diesen Namen noch immer als ein Abbild dieses äußeren Objektes und nicht als eine vom Menschen hinzugefügte Erfindung, eine Benennung.

Es ist wichtig, dass wir Gedanken, wie wir sie hier formen, einmal eine Zeitlang zum Gegenstand einer Besinnung machen, damit wir mit Gedanken vertraut werden, die uns fremd sind und von denen wir dennoch empfinden, dass sie uns auch ureigen sein müssten.

Wenn wir zu der schmerzlichen Entdeckung gekommen sind, dass wir uns davon entfernt haben, den Namen noch heiligen zu können, müssen wir zu der Einsicht kommen, dass wir *in dem Begriff selbst* nach einer Kraft suchen müssen, die dazu führt, dass der Begriff das Wort wieder erfüllen kann. Ein *volles* Wort würde ein mit wachsendem Begriff erfülltes Wort sein.

Es ist deutlich, dass wir dies nicht durch Studium allein erreichen können. Wäre dies so, dann würden alle Wissenschaftler, alle Studenten, alle Menschen, die aus Liebe zum Wissen studieren, die Leere des Wortes längst überwunden haben. Das Gegenteil jedoch ist wahr. Das Wort wird leerer und leerer, während es auf der anderen Seite immer mehr in den Vordergrund des Bewusstseinserlebens tritt. Das bedeutet, dass unser Bewusstsein sich an leeren Hülsen festhält, die aus einer Gewohnheitsbildung heraus ausgesprochen, geschrieben oder gedacht werden.

Studium allein ist also nicht ausreichend.

Wir müssen den Weg der Meditation betreten, um dasjenige, was Inhalt unseres Denkens ist, mit Kraft zu erfüllen. Denn auch der Gedanke ist leerer und leerer geworden. Man könnte auch von leeren Begriffshülsen sprechen.

Ganz leer können diese nicht sein, weil Begriff nun einmal Einsicht bedeutet, Einsicht gibt. Wenn man keine Einsicht mehr hätte, keine Bedeutung mehr verleihen könnte, dann würde dies darauf hinweisen, dass kein Begriff mehr existiert.

An sich ist es nicht unmöglich, sich vorzustellen, dass eine Menschheit in Entwicklung zu jenem Punkt sein könnte, in dem der Begriff aus dem menschlichen Dasein verschwunden ist. Dann würde der Mensch zu einem einsichtslosen Wesen entarten, das nur nachsprechen, nacherzählen kann, ohne sich dabei etwas zueigen machen zu können – denn das Sich-zueigen-Machen beruht immer auf Einsicht.

Schon Aristoteles unterschied zwischen Wissen und Einsehen. Wissen ist das Reproduzieren-Können von Tatsachen, von Zusammenhängen, die deshalb, weil man sie reproduzieren kann, noch nicht verstanden zu sein brauchen. Einsicht ist da, wenn man den Zusammenhang zwischen verschiedenen Begriffen selbst herstellen kann, auch wenn man diesen Zusammenhang durch Unterricht zunächst aufgenommen hat.

Der Begriff wird leerer und leerer, aber er ist noch immer da, und wir werden die Erfüllung unserer Begriffe mit Kraft *durch Meditation* erstreben müssen.

Meditation beruht darauf, dass man lernt, bestimmte Fähigkeiten, die jeder Mensch hat, die sich im gewöhnlichen Leben aber verflüchtigen, zu konzentrieren, zu stabilisieren, zu verlangsamen. Dadurch sammelt man Kraft, die sonst in einer Verflüchtigung zu *Nichts* wird. In Wirklichkeit ist es eine Form von *Beherrschung*, und wenn man dies einmal zu fühlen, zu erleben beginnt, dann weiß man aus eigener Erfahrung, dass alle Vergeudung von Gedanken und Worten diesem Sammeln von Kraft entgegenwirkt.

Es ist bekannt, dass der Gebrauch von Alkohol das Sammeln von Kraft zerstört. Viel weniger bekannt ist die ganz gewiss ebenso starke zerstörende Wirkung von Geschwätz in Worten und Gedanken. Doch selbst das Sprechen in klaren Gedanken und das Schreiben in klaren Gedanken führt zu einer inneren Schwächung, die nur aufgefangen werden kann, wenn der Meditierende bereit ist, eine Zeitlang in Wort und Schrift so viel wie möglich zu schweigen.

Wenn man später, sobald einmal eine große Kraftentfaltung im Denken zustande gekommen ist, wieder dazu kommt, viel zu sprechen und zu schreiben, dann wird man noch einmal sehr stark erfahren, wie man die gesammelte Kraft nun nicht vergeudet, sondern opfert, weil ein längeres Schweigen nicht mehr mit dem Gewissen zu vereinbaren ist.

Indem das viele Sprechen und Schreiben vom Durchschnittsmenschen als eine Selbstoffenbarung beurteilt wird, wird dem, der bewusst schreibt und spricht, damit großes Unrecht getan. Denn dieser schreibt und spricht nicht aufgrund der Lust an der Selbstoffenbarung, sondern opfert sein Schreiben und Sprechen in Hingabe an die Weltgedanken und das Weltenwort – und verliert dadurch jedesmal Kraft, die dann immer wieder durch noch stärkere Sammlung aufgebaut werden muss.

Doch zuerst braucht es eine langwährende Übung.

Es gibt ein Grimm'sches Märchen, das heißt ‚Die zwölf Brüder'. Darin wird ins Bild gebracht, wie die zwölf lebendigen Grundbegriffe zu den *abstrakten Raben* des Verstandes verzaubert werden. Es wird die Schwester beschrieben, die sich opfert, um die Brüder aus der Verzauberung zu befreien. Dazu darf sie sieben Jahre lang nicht sprechen und nicht lachen. Das ist ein Bild für den *Ernst und das Durchhalte-*

vermögen im Schweigen, die ein Mensch braucht, wenn er den Weg der Entzauberung des abstrakten Verstandes betritt und geht, auf dass dieser wieder zu einem lebendigen, sprechenden, denkenden Logos werden kann.

MEDITATION

Was in den esoterischen Strömungen als die verschleiernde Wirkung des Denkens bekannt ist, hat mit einem Denken zu tun, das durch das Gehirn gespiegelt wird. Unser bewusstes Denken kann nichts anderes sein als ein durch das Gehirn gespiegeltes Denken. An dieser Spiegelung sind wir uns unserer Gedanken bewusst, doch zugleich sind gerade dies die Gedanken, die sich als ein dichter Schleier über die geistige Welt legen.

Nun sind wir auf der Suche nach einem Denken, das trotzdem noch immer Denken bleiben kann – das bedeutet, dass es ein Denken ist, das Einsicht haben kann, das ein Wissen von etwas haben kann, das unterscheiden kann. Dieses Denken wollen wir auf unserem esoterischen Weg behalten. Aber wir wollen lernen, es so umzuformen, dass es sich nicht mehr wie ein Schleier über die geistige Welt legen kann, sondern dass es seinen direkten Ursprung als Geist offenbart.

Aus dem Vorangegangenen wird deutlich, dass wir damit ein Denken suchen, das bewusst außerhalb des physischen Leibes aktiv sein kann. Wir suchen ein Denken mit demselben klaren Bewusstsein, wie wir es von dem bewussten, vom Gehirn gespiegelten Denken kennen, das nun aber *in sich selbst* diese Klarheit hat und kein Gehirn braucht, um sich seiner bewusst zu werden. Natürlich wird sich dann die Qualität des Bewusstseins mit verändern. In diesem Sinne wird das Bewusstsein nicht von gleicher Art sein können wie das Bewusstsein, das wir haben, wenn wir in der gewöhnlichen Weise denken, doch die Möglichkeiten, die wir haben, indem wir denkende Wesen sind, müssten in diesem außer-leiblichen Denken erhalten bleiben können.

Wir sind uns dieser Spiegelung durch das Gehirn, wodurch die bewussten Gedanken entstehen, absolut nicht bewusst. Wir erfahren unsere Gedankenpotenz als gegeben und nicht als etwas, woran wir, während diese wirksam ist, mitwirken können. Wir können also nicht sagen: Wir lösen unser Denken bewusst von dem Gehirn.

Wir brauchen die Anweisungen von Eingeweihten, von Menschen, die weil sie den Weg schon gegangen sind, *sehr wohl* diese bewusste klare Einsicht in den Zusammenhang zwischen Denken und Gehirn haben. Solche Eingeweihten geben uns die Anweisungen zur Meditation.

Wenn man in einem Zustand lebt, in dem das Denken noch nicht so begriffsleer geworden ist wie das unsere, braucht man andere Anweisungen als wir in unserer modernen Zeit.

Für uns ist der wichtige Wegweiser Rudolf Steiner. Er gibt verstreut in seinem umfangreichen Werk zahllose unverzichtbare Anweisungen in Bezug auf diese Prozedur, das denkende Begriffsvermögen aus der Spiegelung durch das Gehirn zu befreien.

Wenn wir zur Meditation einen Inhalt nehmen, der direkt mit einer sinnlichen Wahrnehmung verbunden ist – sagen wir, wir wollten eine blühende Rose meditieren –, dann machen wir von einer Vorstellung Gebrauch, die direkt mit der Wirkung des Auges, des Bewegungssinnes und noch anderer Sinne zusammenhängt. Solche Vorstellungen haben wir dank der Spiegelung durch unser Gehirn. Wenn wir also von einer solchen, an die Sinne gebundenen Vorstellung ausgehen, werden wir den Weg zur Befreiung aus dem Leib *nicht* finden.

Die Schlussfolgerung ist, dass wir einen Inhalt für die Meditation brauchen, der nicht auf die gewöhnliche Weise mit den Sinnen verbunden ist.

Eine zweite Anweisung bezieht sich darauf, dass unser Gefühlsleben sehr stark mit unserer heutigen Persönlichkeit verbunden ist. Die heutige Persönlichkeit funktioniert mit Hilfe der an das Gehirn gebundenen Gedanken. Wir wollen unser denkendes Begriffsvermögen aus dem Gehirn befreien, und das bedeutet, dass wir ein Denken finden wollen, das *nicht* mit unserer heutigen Persönlichkeit verbunden ist.

Die Schlussfolgerung ist, dass wir einen Inhalt für die Meditation brauchen, der nicht von dem gewöhnlichen persönlichen Gefühl begleitet wird, nicht damit verbunden sein *kann*, weil es ein Inhalt ist, mit dem wir in persönlichem Sinne keine Verbindung haben können.

Nehmen wir noch einmal das Beispiel der Rose. Wir haben eine intensive persönliche Verbindung zu einer Rose. Hiermit will ich nicht sagen, dass das für jeden eine Verbindung der Sympathie ist. Doch es ist eine Blume, die stark mit den persönlichen Gefühlen verbunden ist. Das gilt auch für den Weinstock oder für den Olivenbaum oder für den Amethyst. Wir können nicht sicher sein, dass wir mit dieser Vorstellung nicht mit unserer persönlichen Gefühlssphäre verbunden bleiben. Es könnte sein, dass wir imstande sind, diese Vorstellung in diesem Sinne gefühlsfrei zu haben, doch uns fehlt zunächst die Möglichkeit, darüber Sicherheit zu haben. Darum ist eine solche Vorstellung für die Meditation nicht geeignet.

Ein dritter Aspekt von Vorstellungen ist unsere Erinnerung. Unsere Erinnerung hängt mit *dieser* Biografie, mit *diesem* Erdenleben zusammen, und mit unseren Erinnerungen sind unlöslich Sinneseindrücke und Gefühle, Handlungen, Gedanken verbunden. Darum muss sorgfältig nach einer Vorstellung gesucht werden, die nicht mit der Erinnerung in Verbindung steht. Wenn jemand aus seiner Biografie heraus ein problematisches Verhältnis zur Bibel hat – diese Menschen gibt es in großer Zahl –, dann ist es nicht zu empfehlen, als Anfangsübung einen Inhalt aus der Bibel zu nehmen, weil daran fest eine ganze Welt biografischer Erinnerungen klebt.

Am besten nimmt man daher einen Inhalt, bei dem man sich sehr wohl etwas vorstellen kann, ein Verständnis haben kann, zu dem aber in keinerlei Weise ein Sinneseindruck passt, ein persönliches Gefühl passt oder eine Erinnerungsvorstellung aufkommen kann. Ein solcher Inhalt für die Meditation wird genannt: vollkommen überschaubar. Das bedeutet, dass beim Vorstellen dieses Inhaltes keine unbewussten Einflüsse aus den Sinnen, dem Gefühl oder der Erinnerung mit diesem verknüpft sind, die man *nicht* überschauen würde.

Für die Meditation ist es daher auch überhaupt nicht nötig, eine Vorstellung zu wählen, die man durch und durch begreift. Denn auch mit dem Durch-und-durch-Begreifen können starke Gehirnspiegelungen zusammenhängen, wodurch der Weg viel länger und schwieriger zu gehen wird. Wir müssen es also ertragen können, dass wir unser Denken für eine nicht rationale Vorstellung gebrauchen, für eine Vorstellung, die in gewissem Sinne unbegreiflich ist, die aber dennoch vorgestellt werden kann.

Wenn wir eine solche Vorstellung denken, dann sind wir während dieses Denkens in Wirklichkeit schon aus der Gebundenheit an das Gehirn befreit. Wir werden dies zwar nicht gewahr, weil es in einer ungeübten Form nur für einen Bruchteil einer Sekunde gelingt, dies aufrechtzuerhalten. Aber das ist gerade die Meditation, dass geübt wird, in einer solchen Vorstellung lange, immer länger denkend verharren zu können. Dieses Denken ist in erster Linie nicht ein Durchdenken oder Überdenken oder Darüber-Nachdenken, sondern ein verstärktes Vorstellen.

Als Beispiel nehmen wir den Satz ‚Die Weisheit lebt im Licht'.

Wir wollen nun nicht Worte sprechen lassen, wir wollen einen Versuch machen, diesen Satz denkend vorzustellen. Begreifend vorstellen können wir diesen Satz noch lange nicht. Wir wissen schließlich nicht durch und durch, was Weisheit ist, was Leben ist, was Licht ist, und eigentlich auch nicht, was die Präposition ‚*in*' in diesem Zusammenhang genau bedeutet. Doch wir können den Inhalt sehr wohl denkend vorstellen. Das ist eine ungewohnte Tätigkeit: Etwas vorzustellen, was man nicht sieht oder auf eine andere Weise wahrnimmt, und was man auch nicht verstehen kann. Aber gerade diese Form des Vorstellens ist dann logischerweise eine leibfreie Form von Vorstellen.

Das Licht ist nicht schwer vorzustellen. Wir sind schließlich von Sonnenaufgang bis Sonnenuntergang darinnen. Wie es mit dem Licht in meinem physischen Leib bestellt ist, kann ich nicht ohne weiteres ergründen, aber dass es außerhalb von mir da ist, dafür habe ich meine Augen.

Nun sehe ich von dem ab, was meine Augen an Licht sehen, und stelle mir das Licht vor, denkend. Ich denke nicht über das Licht, nicht darüber, was das Licht genau ist, sondern ich stelle es vor, wie es mir bekannt ist.

Und in diesem Licht, *in* diesem Licht ist das Leben.

Ich weiß auch, was Leben ist. Obwohl ich davon vielleicht keinen genauen Begriff habe. Ich weiß, ob eine Pflanze lebt oder ob sie verdorrt ist. Ich kenne den Unterschied zwischen einem lebenden und einem toten Tier, zwischen einem lebenden Menschen und einer Leiche. Ich weiß also sehr gut, was Leben ist. Dieses Leben stelle ich mir im Licht vor. Das Licht ist dann nicht mehr jenes tote physische Element, das ich aus der Physik kenne und in dem ich den ganzen Tag lang sehen kann, sondern das Licht ist das, wovon ich weiß, dass es Erleuchtung ist, und zwar ganz durchdrungen von dem, wovon ich weiß, dass es Leben ist.

Und was ist nun dieses Leben im Licht? Was lebt genau in dem Licht? Das ist die Weisheit. Weisheit ist vielleicht in diesem Moment auch noch ein leerer Begriff. Dennoch weiß ich wohl, wodurch sich ein weiser Mensch von einem nicht weisen Menschen unterscheidet. Ich kann mir eine Vorstellung von der Weisheit machen, mit der mein Leib gebildet ist und funktioniert. Die Weisheit, mit der die Jahreszeiten kommen; die kosmische Weisheit, mit der die Planeten eine Bahn beschreiben, wodurch der Rhythmus von Tag und Nacht besteht und so weiter. Eigentlich ist es bei dieser Form des Vorstellens eine Kunst, nicht so sehr über die Dinge nachzudenken, sondern vorzustellen. Dafür braucht man eine gewisse Phantasie, die sich dann durchaus an das hält, was bekannt ist.

So komme ich zu einer reicheren Vorstellung dieser erst so merkwürdigen Worte: Die Weisheit lebt im Licht. Es muss eine Vorstellung werden, die so reich und so intensiv wie möglich ist.

Das Kennzeichnende dieser Vorstellung ist, dass sie gleichzeitig als Inhalt hat, was ich erreichen will. Denn ich will erreichen, dass ich mein Gehirn nicht mehr brauche, um denken zu können, sondern dass meine Weisheit unmittelbar im Licht lebt. Je stärker ich diese Vorstellung formen kann, je reicher diese Vorstellung wird, je länger ich darin verweilen kann, desto stärker wird der Ruck, mit dem ich das Denken aus der Spiegelung durch das Gehirn befreie und selbst als Weisheit lebend in das Licht untertauche.

KONZENTRATION

Aber nun ist diese vorstellende Aktivität nicht ausreichend. Es kommt darauf an, dass ich eine Fertigkeit entwickle, mich in dieser aktiv geformten, leibfreien Vorstellung aufrechtzuhalten. Das ist die Konzentration. In Wirklichkeit ist die vorstellende Aktivität noch einfach, verglichen mit dem, was dann darauf folgen muss: das Sich-Aufrechthalten in der geformten, in der sich immer wieder von neuem formenden Vorstellung.

Wenn man sich konzentrieren will, dann ist es notwendig, dass man den Gedanken-Inhalt in Gänze überschauen kann. Das ist bei einem Satz, der gedacht werden muss, schwierig. Das Denken will dann immer wieder von neuem den Satz in Worten aussprechen, in der Hoffnung, dass man dadurch nicht in andere Gedanken hineingerät. Wenn es dagegen gelingt, anhand dieses Satzes eine *Vorstellung* zu formen, die übersichtlich ist, dann ist die Konzentration darauf viel einfacher.

Man kann es mit einem Gemälde oder einem Musikstück vergleichen. Einem Musikstück folgt man im Verlauf der Musik, diese verläuft in der Zeit. Wenn man das ganze Musikstück gehört hat, kann man sich darauf nur konzentrieren, wenn es möglich ist, einen Totaleindruck des Gehörten zu haben und diesen dann festzuhalten. Aus diesem Beispiel geht unmittelbar hervor, dass es schon ein gewisses Maß verstärkter Erlebenskraft geben muss, will man dies können. Wenn man mit dieser verstärkten Erlebenskraft einer Musik lauscht, dann ist nach Ablauf des Hörens eine starke Nachwirkung zu spüren. Darauf kann man sich konzentrieren. Man kann sich auch konzentrieren, während man hört. Wenn man aber diese zwei Formen von Konzentration einmal ausprobiert, entdeckt man selbst den Unterschied.

Vergleicht man diese Form von Konzentration – für die also eine verstärkte Erlebenskraft bereits notwendig ist – mit der Konzentration auf ein Gemälde, dann ist auch da der Unterschied unmittelbar deutlich. Ein Bild ist zu überschauen. Wenn man das Bild wirklich genau festhalten will, dann muss man einige Zeit darauf verwenden, die Details auch wirklich gut wahrzunehmen. An sich jedoch kann man ein Gemälde in einem Augenblick überschauen. Man kann gleichsam während dieses einen Augenblickes unmittelbar eine Konzentration auf das Ganze ‚ausführen'.

Darum ist es für die Konzentration und die Meditation von Wichtigkeit, eine Fertigkeit zu entwickeln, im Denken den Inhalt *nicht in der Zeit* verlaufen zu lassen, sondern diesen Inhalt gleichsam so zu gestalten, dass man diesen in *einem* Augenblick – nun mit dem inneren Auge – überschauen kann.

Das bedeutet nicht, dass man sich eine sinnliche Vorstellung macht. Es ist zwar eine Möglichkeit, die sinnliche Wirklichkeit zu verwenden, um einen inneren Inhalt auszubilden. Doch dann ist es wichtig, gut in Erinnerung zu behalten, dass dieses sinnliche Bild *als Sinn, als Bedeutung* nicht dasjenige haben darf, was das Bild von selbst zeigt. Dann nämlich würde man die drei Voraussetzungen für leibfreie Meditation nicht mehr erfüllen.

Wenn wir den Satz ‚Die Weisheit lebt im Licht' auf diese Weise in eine übersichtliche Vorstellung zu bringen versuchen, ist deutlich, dass wir in keinem Fall darüber nachdenken dürfen. Die Meditation und die Konzentration sind darauf gerichtet, außerhalb des Gehirnverstandes denken zu lernen. Würde man anfangen, die Begriffe in dem Satz zu erörtern, so würde man diese gerade im Verstand unterbringen – das wollen wir nicht. Wir werden also eine nicht-sinnliche Vorstellung bilden müssen, eventuell mit Hilfe sinnlicher Bilder, aber am besten ganz ohne diese Bilder.

Was ich hier als Methode beschrieben habe, sich mit einem solchen Satz vertraut zu machen, darf also in keiner Weise als ein Überdenken oder Nachdenken oder ein Versuch, den Inhalt zu deuten, aufgefasst werden. Wir müssen lernen, so rein wie möglich dasjenige zu verwenden, was dieser Satz uns unmittelbar gibt. Das Reicherwerden der Vorstellung ist dann gleichsam Gnade, die aus den wesenhaften Kräften heraus geschenkt wird, die in der Gestaltung dieses Satzes leben.

Wie bringt man einen Satz wie ‚Die Weisheit lebt im Licht' in eine unmittelbar überschaubare Form, als wäre es ein Gemälde und kein gesprochener Text oder gespielte Musik?

Wie von selbst werden wir – und das ist auch Gnade – zum Prolog des Johannes-Evangeliums zurückgeführt. Wir sind mit einer tiefgehenden Besinnung auf den Logos, auf das Wort beschäftigt, und wir beginnen, einigermaßen zu erleben, dass dieses Wort in uns so geschwächt ist, dass wir damit die Annäherung an Christus nicht finden können.

Im Urbeginne war das Wort
und das Wort war bei Gott
und Gott war das Wort.
Dieses war im Urbeginne bei Gott.

Alles ist durch dasselbe geworden,
und ohne dasselbe ist nichts
von allem Gewordenen geworden.

Dann kommt die Passage, mit der wir nun eine Verwandtschaft zu empfinden beginnen, wenn wir versuchen, den Satz ‚Die Weisheit lebt im Licht' in eine Vorstellung zu bringen, zu überschauen.

In ihm war das Leben,
und das Leben war
das Licht der Menschen.

Auch dies ist ein Satz, ein Satz mit einer Bedeutung.

Wenn wir den Satz mit Bedeutung in die Bildformung von ‚Die Weisheit lebt im Licht' mitnehmen: Das Licht der Menschen ... Leben ... Licht der Menschen...

In Ihm war Leben, und in diesem Leben war das Licht der Menschen.

Licht, Leben, Weisheit.

In Ihm war Leben, und dieses Leben war das Licht der Menschen.

Die Weisheit lebt im Licht...

Wenn wir uns nun so weit bringen können, dass wir nicht unserer Neigung nachgeben, mit dem Verstand zu kombinieren, sondern die Dinge – und das sind in diesem Fall zwei Sätze – selbst sprechen zu lassen... Die Ohnmacht in Bezug auf diese Art von Denken ist groß, doch die Versuche dazu bringen gerade die Kraft, die einem fehlt.

Die Weisheit lebt im Licht. Licht ... Leben ... Weisheit. Anfangs wird man das immer wieder und wieder innerlich sagen müssen, wiederholen müssen, dem kann man nicht entgehen. Ungeübt wird es niemandem gelingen, einen so ungreifbaren Satz als eine totale Vorstellung in sich festzuhalten. Die unbeholfenen Versuche, einen solchen Satz in eine übersichtliche Vorstellung zu bringen, führen dazu, dass letztendlich wirklich etwas festgehalten werden kann, was die wesentliche Bedeutung, wie arm zunächst auch immer, als ein Ahnen in einem aufleben lässt. Dieses Ahnen versucht man festzuhalten, anhand der Worte, die zur Vorstellung geworden sind.

Die Weisheit lebt im Licht. Das Licht der Menschen, Leben in Ihm.

Das wahre Licht, das jeden Menschen erleuchtet, kam in die Welt. Die Weisheit lebt in dem Licht.

Wer dies treu jeden Tag wieder aufs Neue während einer langen Zeit in sich wiederholt, versuchend, mit aller Kraft der Seele dabeizubleiben, wird beginnen, gewahrzuwerden, dass etwas von dieser Vorstellung ausgeht, dass sie zu wirken beginnt, Gefühlswirkungen in einem zu erwecken beginnt.

Sobald dies geschieht, ist man gleichsam von der Pflicht zur Meditation errettet. Denn dann wird die Pflicht zu Durst. Und weil man kennengelernt hat, wo dieser Durst zu löschen ist, wird man sich nach der Meditation sehnen. Die Pflicht, die auf derselben Sehnsucht beruhte, aber noch abstrakt, verwandelt sich in Liebe zu der Arbeit, die man in der Meditation verrichtet. Daraus entspringt dann auch die Kraft, die Konzentration stärker und stärker zu machen.

Wenn man in ein Konzert geht, und es wird eine Lieblingssymphonie gespielt, und das Orchester spielt schlecht, dem Dirigenten gelingt es nicht, die sich langweilenden Musiker in Bewegung zu bringen, dann kann diese Symphonie noch so geliebt sein, sie berührt einen diesmal nicht. So ist es, wenn man mit Meditation beginnt. In Wirklichkeit lauscht man etwas, was einem das Allerliebste ist, doch es fehlen einem die durchgeistigten Musiker, und es fehlt einem der fähige, feurige Dirigent. Nur durch die treue, sorgfältige Wiederholung desselben, tagein, tagaus, werden diese sich langweilenden Musiker in einem aufgeweckt und wird der Dirigent tüchtig und feurig. Erst dann beginnt man, zu hören, wonach man sich eigentlich sehnte.

Meditation ist keine technische Angelegenheit, obwohl dies zu Beginn so scheinen kann. Meditation beruht auf der Ahnung eines Daseins, das von dem feurigen Wort durchglüht ist. Und effektiv ist die Meditation, wenn das mühsame technische Ringen allmählich zu einer Annäherung an jenes feurige Wort führt: Die Weisheit lebt im Licht; das lebendige Licht ist in dem Wort.

Nun geht es zunächst darum, dass wir unsere innere Kraft im Denken vergrößern. Dazu dient die Konzentration. Es wirkt am besten, wenn wir sie auf zwei verschiedene Arten üben und dann danach streben, dass diese beiden sich vereinen, so dass wir uns auf das Ganze konzentrieren können.

Das *Erste* ist, dass wir den Satz ‚Die Weisheit lebt im Licht' zur Konzentration nehmen. Wir versuchen, diesen Satz so konzentriert festzuhalten, dass es uns immer mehr und mehr gelingt, diesen Satz in *einem* inneren Augenblick zu haben. Man muss sich dann vorstellen, dass es mehr ein Hören sein muss als das Sehen eines Satzes in einem Buch. Es geht nicht um einen geschriebenen Satz, es geht um einen gehörten Satz.

Es kann unser Streben sein, dass es uns gelingt, immer mehr und mehr bei den gehörten Worten – die dann doch auch in gewissem Sinne in einem Augenblick gesehen werden, aber nicht als in einem Buch geschriebene –, dabeibleiben zu können.

Das ist das Eine. Das *Zweite* ist, dass wir versuchen, uns auf den Sinn dieses Satzes zu konzentrieren, wie ich das im Vorangegangenen versucht habe, deutlich zu machen. Es geht dann darum, dass man immer konzentrierter in der Bedeutung von Licht ... Leben ... Weisheit leben kann. Das Licht des Menschen, das Leben in Ihm, das wahre Licht, das jeden Menschen erleuchtet... Auf die Bedeutung davon können wir uns konzentrieren, und das ist die andere Seite der Konzentration auf den Satz ‚Die Weisheit lebt im Licht'.

Diese zwei Seiten, die gehörten Worte und die eingesehene Bedeutung, müssen sich letztendlich in der Konzentration zu *einem* Ganzen vereinigen können. Dann wird die Konzentration von selbst eine Meditation; dann ist es nicht mehr so, dass wir ein fremdes Etwas in den Mittelpunkt unseres Bewusstseins gebracht haben und versuchen, dabei zu bleiben, sondern dann erweist sich, dass dieses fremde Etwas unsere Eigenheit in höherem Sinne ist, mit der wir uns völlig identifizieren können.

Wenn wir dann darin konzentriert leben können; wenn wir diese innerliche Aktivität meditieren, dann führt dies zu einer ungeahnten Vergrößerung der Fähigkeit der *Aufmerksamkeit* auf der einen Seite – das ist die Konzentration – und andererseits der Fähigkeit der *Hingabe* an das, was in der Seele erlebt wird – das ist die Meditation. Hiermit betritt man das Gefährt, mit dem man sich auf eine ätherische Weise Christus in der Ätherwelt nähern kann.

Aufmerksamkeit und Hingabe in einer rein inneren denkenden Aktivität sind die zwei inneren Kräfte, die in die Nähe von Christus bringen. Doch weil wir als moderne Menschen so weit von diesen rein menschlichen Aktivitäten fortgetrieben sind, sind Konzentration und Meditation so schwer, obwohl es in Wirklichkeit die menschlichste Fähigkeit ist, über die wir verfügen.

VON WEIN ZU WASSER

Im Johannes-Evangelium wird beschrieben, wie Jesus auf der Hochzeit zu Kana das Wasser in Wein verwandelt, während er zu seiner Mutter sagt: Meine Zeit ist noch nicht gekommen.

Vom imaginativen Vermögen aus kann man dieses Geschehen und diesen Ausspruch von Jesus auf folgende Weise verstehen.

In der Zeit, als das Wort auf Erden Fleisch wurde, war die ursprüngliche Hellsichtigkeit, das Vermögen des Menschen, mit der geistigen Welt zusammenzuleben, schon weit in die Dekadenz geraten, wenn auch noch wirksam. In dieser Zeit aber gab es für die Menschheit im allgemeinen noch keine Möglichkeit, aus eigener Kraft zu einem reinen Denken zu kommen.

Reines Denken ist wie klares Wasser. Es ist ebenso durchsichtig wie das Wasser und auch ebenso flüssig. Es ist vollkommen rein, aber es ist farblos, und als reines Denken allein ist es noch nicht von Spiritualität durchlebt.

Das reine Denken ist erst in unserer Zeit für den Menschen erreichbar. Es wird uns nicht fertig gegeben, aber es wird uns gegeben, dass wir es entwickeln können, aus freier Entscheidung. Das Wasser war in der Zeit, als das Wort Fleisch wurde, noch nicht das Element, in dem Er gefunden werden konnte. Der Wein als Symbol für ein in Verfall geratendes Vermögen des Menschen, ohne eigene Anstrengung, als eine Gabe, mit der geistigen Welt zusammenzuleben, war für die damalige Menschheit noch ein notwendiges Element. ‚Meine Zeit ist noch nicht gekommen.'

In unserer Zeit können wir den Wein in Wasser verwandeln, und das ist der erste Schritt in der Meditation. Das heißt, dass wir unser Denkvermögen ganz und gar von allen unbewussten Resten reinigen, die kein reines Denken sind.

Im Vorangegangenen habe ich das als die Notwendigkeit beschrieben, dass ein Inhalt für die Meditation völlig zu überschauen ist. Dem kann ich hier noch hinzufügen, dass auch alle Reste von Hellsichtigkeit, die spontan in unserer Zeit auftauchen, zu klar strömendem Wasser verwandelt werden müssen, das völlig zu durchschauen ist, was nicht zu einem Rausch führt, in dem das Unbewusste die Zügel führt. Völlig überschaubar muss der Inhalt für die Meditation sein, so dass der meditative Inhalt das ätherische Gefährt wird, mit dem alle Fesseln, die einen an das leibliche Dasein ketten, zerbrochen werden können – zeitweise.

Aller Stolz, der im Menschen in Bezug auf seine Qualität vorhanden ist, muss losgelassen werden und sich in Gefühle von Dankbarkeit metamorphosieren. Der heutige Mensch kennt einen großen intellektuellen Stolz. Dieser wird auch stimuliert. Es ist der Intellekt, um den es geht – neben dem Sex und dem Geld. Die Schule wird immer mehr der Ort, wo in Bezug auf intellektuelle Begabtheit unterschieden wird; und während kaum ein Wissen darüber besteht, worauf Intelligenz in Wirklichkeit beruht, wird sie als die höchste Gabe behandelt.

Natürlich ist die Erwiderung hierauf, dass die Wissenschaft sehr wohl wisse, worauf Intelligenz beruhe, nämlich auf den Genen. Doch von der Psychologie aus würde man, indem man entsprechende Fragen stellt, dennoch dahinter kommen können, dass diese genetische Erklärung noch lange nicht alle Antworten gibt.

Wenn man Schüler des Wortes wird, entdeckt man recht schnell, wie *lahm* der Intellekt ist und wie wenig Halt im Intellekt selbst gefunden werden kann, um aus dieser Lähmung herauszukommen. Man kommt ziemlich schnell dahinter, dass es der *Wille* ist, mit dem man sich konzentriert und meditiert. Man entdeckt, dass man die Entwicklung der Intelligenz nur mit *Willen* vollziehen kann.

Dieser Wille ist der Aspekt des zu reinem Wasser gewordenen Denkens, der diesem reinen Wasser doch wiederum die spirituelle Charakteristik von Wein gibt. Das ist nicht der Wein, durch den man in einen Rausch kommt, sondern die Willenswärme, die das rein strömende Wasser zu lebendigem Wasser macht.

Durch Konzentration verwandeln wir den Wein unserer Persönlichkeit in das Wasser des Geistes. Durch Meditation erfüllen wir dieses reine, abstrakte, klare Denken, dieses Wasser, mit Leben, Farbe und Duft. So verwandelt sich das Wasser nicht von neuem in Wein, sondern das Denken wird, nachdem es gereinigt worden ist, spiritualisiert.

DAS REINE DENKEN

In der Meditation, wie sie bis jetzt beschrieben wurde, wird geübt, ein reines Denken zu entfalten. Die verschiedenen Grundvoraussetzungen für die Meditation sind zugleich Grundvoraussetzungen eines reinen Denkens. Reines Denken ist ein Denken, in dem keine Einflüsse aus den Sinnen, aus der Gefühls- und Wunschsphäre und aus der Erinnerung eine Rolle spielen. Das Denken bewegt sich ausschließlich in reinen Worten, Bildern und Begriffen. Es ist darin nichts anwesend, was noch eine Verbindung mit der heutigen Persönlichkeit auf Erden hat. Es wirkt nichts aus dieser Persönlichkeit heraus, was den Gang des Denkens bestimmen könnte.

Es ist nicht so, dass dieses reine Denken in jedem Menschen völlig entwickelt ist. Für die meisten Menschen gilt, dass es entwickelt werden muss. Es ist ein Gang von Wein zu Wasser. Es wird nach der völlig reinen Durchsichtigkeit des Denkens gestrebt, wobei ausschließlich das zu denkende Objekt den Gang der Gedanken bestimmt und nicht die denkende Person. Wohl das denkende *Ich*. Dieser Unterschied muss im Verlauf unserer Betrachtungen noch deutlich werden.

Das Denken, das wir im gewöhnlichen Leben kennen, wenn wir zur Einsicht zu kommen versuchen – sei es im Leben oder über uns selbst oder in der Wissenschaft –, dieses Denken ist auf Erden tot, es lebt nicht, es hat auf Erden einen Scheincharakter, es ist kein lebendiges Licht.

In Wirklichkeit wird durch die Konzentration und die Meditation das Denken zunächst nicht lebendiger, sondern nur rein. Das ist dennoch wirklich das Erste, was wir erstreben wollen müssten, wenn wir Annäherung an den Logos suchen.
Man müsste im Verlauf des Weges in zunehmendem Maße Scham empfinden, wenn man aus dem reinen Denken zu gewöhnlichen alltäglichen, persönlichen Gedanken abirrt.
Wenn man das Johannes-Evangelium als *das* Evangelium des Logos

ansieht, findet man in den verschiedenen, aufeinanderfolgenden Kapiteln bis Kapitel elf den Weg zu einer völligen Reinigung des Denkens und dem Ablegen aller persönlichen Anteilnahme beschrieben.

Diesen Weg, die verschiedenen Schritte, die da sichtbar werden, kann man immer mehr und mehr als Bilder für die Reinigung des Denkens erleben.

Zuerst wird man ein Schüler des Wortes. Dann durchdringt man sich mit diesem Unterschied zwischen Wein und Wasser, und es beginnt, Schritt für Schritt deutlich zu werden, was der Mensch alles in sich selbst tun muss, um sich diesem reinen Denken des Logos zu nähern. Das Bild nach der Hochzeit zu Kana ist die Tempelreinigung.

‚Macht meines Vaters Haus nicht zum Kaufhaus!', sagt Jesus. ‚Welches Zeichen kannst du uns geben, das dir das Recht zu dieser Tat gibt?', fragen die Obersten. Und Jesus antwortet: ‚Brecht diesen Tempel ab und in drei Tagen will ich ihn aufrichten!'

In der Meditation bauen wir einen neuen Leib, einen Denkleib, einen Logosleib aus reinem Denken. Dieser Tempel darf in keiner Weise vom Vieh und den Geldwechslern verunreinigt werden. Aber diese Verunreinigung tritt gerade ein, wenn wir unsere Gedanken von dem reinen Denken weggeführt werden lassen zu unseren Gedanken des Alltags, die von Waren und Geld erfüllt sind – auch ein Mangel an Geld gibt solche Gedanken. Wir suchen ein Denken, das so rein ist, dass es sich in der reinen Idee bewegen kann.

Rudolf Steiner schrieb schon in einem seiner ersten Bücher: ‚Das Gewahrwerden der Idee in der Wirklichkeit ist die wahre Kommunion des Menschen.'

In der katholischen Kirche wird das Allerheiligste im Tabernakel verwahrt. Es wird nur für die Konsekration und die Kommunion von dem Priester hervorgeholt und an die Gläubigen ausgeteilt. Das ist der Weg des Sakraments im kirchlichen Christentum. Sucht der Mensch selbstständig die Kommunion, dann sucht er die Kommunion in der Idee. Idee bedeutet dann die volle harmonische, in sich selbst ruhende Ganzheit des Denkens.

Diese aber finden wir nicht, solange wir in unseren Gedanken nicht rein bleiben können, solange darin das Vieh und das Geld die Gegenstände sind. Der Gang des katholischen Priesters zum Tabernakel, das Öffnen dessen und das Herausnehmen von Brot und Wein ist ein Bild für das, was die moderne Meditation werden muss. Da ist nichts, was äußerlich wirken kann. Der eigentliche Mensch, der die Meditation innerlich führt, ist der Priester, der dafür Sorge trägt, dass sich nichts mit Brot und Wein vermischt, dass es in der vollen Reinheit auf den Altar des Denkens gelegt werden kann, dass der Mensch seinen ganzen persönlichen Inhalt opfert und dass an dessen Stelle das reine Denken als Sakrament einzieht.

Doch es gibt noch einen anderen Aspekt des Denkens, der bis jetzt noch nicht besprochen wurde. Wir haben die Konzentration und die Meditation besprochen und gesehen, wie eine solche innere Aktivität dazu führen kann, in einem bestimmten reinen Gedankeninhalt Kraft zu sammeln. Aber das reine Denken besteht nicht nur aus dem Sammeln von Kraft rund um *einen* Satz. Es ist auf der anderen Seite das Vermögen, auf eine reine Weise den einen Begriff mit dem anderen zu verbinden. Das ist eine Denkaktivität, die ebensosehr zu dem reinen Denken gehört. Würde man diese Seite des Denkens ungenügend beachten, so würde man zwar ein kräftiger Denker werden, der imstande ist, *sich selbst* außerhalb des Denkens zu halten, man würde aber nicht gleichzeitig die Fähigkeit entwickeln, auf die richtige Weise die Ideen miteinander zu verbinden. Das ist jedoch notwendig, soll diese umfassende Idee des Denkens entstehen.

Wenn wir uns an das Evangelium des Logos halten wollen, können wir diese Begriffsverbindung anhand der Verbindung der Begriffe im Prolog kennenlernen. Auch das muss eine innerliche, intensive, vertiefte Aktivität werden.

Es ist schwer, dasjenige, was eine freie innere Tätigkeit jedes Menschen sein soll, sorgfältig zu beschreiben, weil es so scheinen könnte, als würde dadurch die Freiheit beschränkt.

Dennoch gehe ich zu einer solchen Beschreibung über, weil es nach jahrelangem Schreiben, innerem Arbeiten und Arbeiten mit Menschen deutlich ist, dass eine solche Beschreibung eine Notwendigkeit ist. Die Freiheit wird dennoch bestehen bleiben, weil niemand auf genau dieselbe Weise vorgeht.

Wenn wir die nun folgende Beschreibung also als ein Beispiel sehen können, nicht als eine Vorschrift, dann kann das Beispiel die Freiheit des Lesers niemals einschränken.

Im Anfang war das Wort.

Im gewöhnlichen Denken ist man mit einem solchen Satz schnell fertig. Es ist deutlich. Damit soll gesagt sein: Im Anfang war das Wort.

Doch nun sind wir den Weg der Vertiefung und der Intensivierung von Wort und Begriff, von Abbild und Begriff, als Teilen des Wortes, gegangen.

Dann geben wir uns nicht mit einer schnellen Begriffsbestimmung des Wortes ‚Anfang' zufrieden. Wir werden doch meditativ versuchen müssen, ein Abbild von ‚Anfang' zu formen. Nicht nur von ‚Anfang' im allgemeinen, sondern von ‚Anfang', wie es mit dem Wort in Zusammenhang gebracht wird. Das Wort haben wir als Begriff und Abbild schon ausführlich besprochen. *Dieses* Wort war im Anfang. Nun versuchen wir innerlich meditativ, diesen Anfang abzubilden, vorzustellen. Wir müssen damit viel intensiver denkend beschäftigt sein, aber auch hier gilt, nicht ‚denkend' im gewöhnlichen Sinne. Es bedeutet nicht, dass wir die ganze ‚Geheimwissenschaft'[8] hinzuziehen und uns fragen, welcher Anfang nun eigentlich gemeint ist. Das können wir natürlich in einem anderen Moment sicher tun, aber in diesem Rahmen müssen wir dies streng unterlassen und versuchen, rein zu einem inneren Abbild und Begriff des Anfangs zu kommen, in dem das Wort *war*.

Während wir diese Aktivität verrichten, formen wir einen Zusammenhang zwischen den beiden Worten, die Abbild und Begriff sind – Wort und Beginn.

---

[8] Rudolf Steiner, Die Geheimwissenschaft im Umriss, GA 13.

Nun kommt es darauf an, dass wir versuchen, mit allem, was wir an Kraft versammeln können, gerade diesen Zusammenhang zu meditieren. Es ist ganz und gar kein Überdenken, kein Durchdenken, kein Nachdenken. Es ist das Formen eines Abbildes und eines Begriffes. Das hat viel mehr mit intensivem *Erleben* des Denkens zu tun. Dadurch wird das Denken auch rein, indem das Gefühlsleben gleichsam umgekehrt wird. Reines Denken *beruht* niemals auf Gefühl, aber es *gibt* sehr wohl Gefühl, und dieses Gefühlserleben gehört zum reinen Denken dazu.

In dem Zusammenhang von Begriff und Abbild *Anfang* mit Begriff und Abbild *Wort* suchen wir das intensivste Erleben, das nur zu finden ist.

Dann gehen wir weiter:

Und das Wort war bei Gott

Wir setzen unsere Meditation, die den Zusammenhang der Begriffe anhand des Prologs des Johannes-Evangeliums als Inhalt hat, fort.

Und das Wort war bei Gott

Wort... war ... bei ... Gott

Das gewöhnliche Lesen und Denken ist mit einem solchen Satz wiederum schnell fertig. Es ist deutlich, was dieser Satz bedeutet, und es ist zugleich deutlich, dass diese Bedeutung mit dem rationalen Denken überhaupt nicht erfasst werden kann.

Nun haben wir den Weg zum Logos betreten, und das bedeutet für uns, dass wir nicht nur die Worte und Begriffe vertiefen, sondern dass wir uns auch meditativ in den *Zusammenhang* der verschiedenen Begriffe vertiefen, wodurch dies ein *wirkendes* Ganzes wird.

Wenn wir auf eine gewöhnliche Weise die Bedeutung dieser vier Worte erfassen, dann sagen wir: Nun ja, der Schreiber des Johannes-Evangeliums will einfach sagen, dass das Wort, das im Anfang war, bei Gott war. Jahrhundertelang haben Denker sowohl im exoterischen als auch im esoterischen Christentum sich in diese Worte vertieft. Man würde also sagen, nimm diese Schriften, vertiefe dich darin, und du hast die größte Chance, dass du, indem du all dies auf dich wirken lässt, einen tiefen Begriff für diese Worte erfasst. Das ist sicher wahr. Aber der heutige Mensch dürfte nicht unterschätzen, wie schwach und flüchtig das Denken und das Begriffsvermögen ist. Wenn man sich dem Logos nähern will, dann ist es wirklich notwendig, ein reines Denken in Begriffen zu entwickeln, wobei aber nicht nur die Begriffe rein sind, sondern auch der Zusammenhang zwischen den Begriffen rein gefasst werden kann.

Wenn man einer Melodie zuhört, dann ist das eine Folge von Tönen in einem bestimmten Rhythmus und in einem bestimmten Takt. Dass eine Melodie das Herz rührt, hat jedoch nicht mit den Tönen an sich zu tun, sondern kommt durch die Übergänge zwischen den verschiedenen Tönen zustande. Etwas Derartiges wollen wir üben, wenn wir versuchen, eine Vertiefung des wirkenden Zusammenhanges zwischen den verschiedenen Begriffen zustandezubringen.

Das Wort war bei Gott

‚Bei' bedeutet etwas ganz anderes als ‚in'. Es wird nicht gesagt: Und das Wort war *in* Gott, oder: Und das Wort war *von* Gott. Das Wort war *bei* Gott. Wort und Gott. Das Verhältnis dazwischen ist *bei*.

Und das Wort war Gott.

Hier fällt die Präposition weg. Es ist keine sprachliche Analyse, die ich hier durchführen will, sondern ich versuche, mit den schon verflachten geschriebenen Worten etwas von der Wirklichkeit wiederzugeben, die zwischen zusammenhängenden Begriffen lebt. Das Wort war Gott. Das Wort war bei Gott. Wort ... Bei ... Gott. Wort ... Gott.

Wenn man die Auslegung von Thomas von Aquin über den Prolog des Johannes-Evangeliums aufnimmt, findet man, wie er da Wort für Wort vorgeht. Davon kann man sehr viel lernen, aber es ist doch noch nicht das, was hier mit der zusammenhängenden Wirkung zwischen den verschiedenen Begriffen gemeint ist. Das kann man nur in Konzentration und Meditation erleben lernen, wenn die verstärkte Aufmerksamkeit und die verstärkte Hingabe an das, was man in dieser Aufmerksamkeit empfängt, so stark werden, dass Wort und Gott zwei umfassende Welten werden, die miteinander in Verbindung gebracht werden, durch ‚war bei' und danach durch ‚war'.

Vom modernen Verstand aus argumentiert, wäre hiermit schon reichlich genug gesagt, wenn man andeuten wollte, dass das Wort Gott ist. Aber das reine Denken ist nicht nur eine technische Angelegenheit, bei der in möglichst wenig Worten möglichst viel Begriff vermittelt wird. Das reine Denken kann nicht anders, als zugleich auch ein künstlerisches Element zu sein, weil die höchste Wahrheit nur ausgedrückt werden kann, wenn das Medium des Ausdrucks selbst auch die Gestalt der Wahrheit annimmt.

Ich möchte damit sagen, dass man mit prosaischen Worten keine göttlich-kosmische Wahrheit ausdrücken kann. Das Ausdrücken dieser Wahrheit verlangt nach einer Umwandlung im Gebrauch der Sprache, des Wortes, in der Weise, dass dieses Sprachelement selbst als eine Wahrheit erscheint.

So sagt Johannes nicht: Im Anfang war das Wort, und das Wort war bei Gott, und das Wort war Gott; sondern er sagt: Im Anfang war das Wort, und das Wort war bei Gott, und das Wort war Gott ... aber muss dem, um der wahrhaftigen Harmonie des Mediums willen, das er gebraucht, um das Wort zu beschreiben, hinzufügen: Dieses war im Anfang bei Gott. Als eine Bestätigung des Ganzen, was er geschrieben hat, also nachdem er ausgedrückt hat, dass das Wort, das bei Gott war, selbst Gott war, bestätigt er dies noch einmal, indem er sagt: Dieses war im Anfang bei Gott. Das ganze zuvor Ausgesprochene ist dies: war ... im Anfang ... bei Gott.

Alles ist durch Ihn geworden
und ohne Ihn ist nichts von allem Gewordenen geworden.

Wenn man so weit kommt, dass man es als eine unerträgliche Nachlässigkeit zu erleben beginnt, wenn man solche Sätze nur lesend, begreifend, in sich aufnimmt, dann hat man ein bedeutendes Stück des Weges zum Logos zurückgelegt.

Alles. Wir können uns auf das Wort ‚Alles' konzentrieren. Nicht durch Nachdenken, nicht durch Überdenken, sondern indem wir es in seiner Totalität der Bedeutung des Wortes ‚alles' erfassen.

Jeder Mensch weiß, was mit ‚alles' gemeint ist. Es steht da nicht ‚alles Gute'; es steht da: Alles ist durch Ihn geworden. Ist geworden. Nicht: ist geschaffen, sondern ist geworden.

Reines Denken bedeutet, dass man solche Worte sehr einfach als das nehmen kann, was sie sind.

Alles ist geworden. Durch Ihn. Durch das Wort, das im Anfang war, das bei Gott war, das Gott war. Alles ist durch Ihn geworden.

Der moderne Mensch würde es ganz und gar ausreichend finden, hiermit auszudrücken, dass alles durch Ihn geworden ist. Doch der Schreiber des Johannes-Evangeliums findet es notwendig, dasselbe noch einmal zu sagen, aber nun in einer doppelten Negation. ‚Durch Ihn' wird ‚ohne Ihn', und ‚Alles' wird ‚Nichts'. Ohne Ihn ist nichts von dem geworden, was geworden ist. Nichts von dem, was geworden ist, ist ohne Ihn, das Wort, geworden.

Man würde es wirklich allen Menschen auf Erden gönnen, dass sie diese sechs Sätze aus dem Prolog im reinen Denken meditieren würden.

Aber die menschliche Seele widersetzt sich einer solchen Hingabe an sechs Sätze, die einmal von einem Mitmenschen ausgesprochen wurden, aufgeschrieben wurden. Die menschliche Seele will immer und überall etwas einwenden, rationalisieren, relativieren, sogar lächerlich machen, unbequem werden, zweifeln, Angst haben.

Das Sich-Sträuben hat viele emotionale Farben. Doch das reine Denken legt dies alles radikal ab.

Man kann sich vorstellen, dass Menschen, die sich tiefgehend mit den Rätseln der Schöpfung beschäftigt haben, Momente gehabt haben, in denen sie in eigenen Worten ausgerufen haben, was die Konsequenz ist, wenn man diese ersten sechs Sätze des Johannes-Evangeliums durch und durch ernst nehmen kann.

Ich zitiere einen Ausspruch von Gottfried Wilhelm Leibniz. Er ist der Mathematiker der Differential- und Integralrechnung. Er lebte von 1646 bis 1716, und er sagte:

‚Die Weisen und Tugendhaften ... anerkennen nämlich, dass wir,
wenn wir die Weltordnung hinreichend zu verstehen imstande wären,
finden würden, wie sie alle Wünsche der Weisesten übertrifft,
und wie es unmöglich ist, sie besser zu machen, als sie ist.'[9]

Das ist eine Stimmung, die hervorgeht aus der Erkenntnis:

Im Anfang war das Wort
und das Wort war bei Gott
und Gott war das Wort.
Dieses war im Anfang bei Gott.
Alles ist durch Ihn geworden
und ohne Ihn ist nichts von dem Gewordenen geworden.

Die ersten sechs Zeilen des Prologs bilden eine radikale Aussage. Nachdem wir also zuerst die Worte als Begriff in der Konzentration und Meditation vertieft haben, haben wir die verschiedenen Begriffe in einem wirkenden Zusammenhang, wie Johannes ihn gibt, vertiefend erlebt. Schließlich können wir dann die sechs verschiedenen Aussagen, wie sie in sechs Zeilen gegeben werden, auch wieder in einem wirkenden Zusammenhang aufeinander beziehen und erleben. Das ist Entwicklung des reinen Denkens.

[9] Leibniz, Monadologie, 90.

WIEDERGEBURT AUS WASSER UND GEIST

Auf dem Weg der Metamorphose des menschlichen Denkens zu Christus haben wir erfahren, dass es notwendig ist, die Konzentration, die Meditation und das reine Denken zu entwickeln.

Man könnte den Eindruck bekommen, dass es ausreichend sei, das Denken zu reinigen und kräftig zu machen, um jenen Schleier, den der Verstand vor die geistige Welt webt, fortzuziehen.

Doch es ist notwendig, dass eine völlige Katharsis der Seele auftritt, eine Reinigung des Denkens allein ist nicht ausreichend. Im esoterischen Christentum wird die Seele, die diese Katharsis durchgemacht hat, mit dem Terminus *Sophia* angedeutet. Der mystische Dichter Angelus Silesius drückt dies auf folgende Weise aus:

‚Ich muss Maria sein und Gott aus mir gebären,
Soll er mir ewiglich die Seligkeit gewähren.'

Was im exoterischen Christentum mit dem Namen Maria angedeutet wird, ist im esoterischen Christentum Sophia.

Im letzten Vortrag über das Johannes-Evangelium bespricht Rudolf Steiner, wie die Seele in eine Metamorphose gebracht werden kann, so dass sie Sophia wird. Er gibt dafür zwei Wege an.

Der eine Weg beruht auf dem richtigen Studieren des Buches ‚Die Philosophie der Freiheit', wodurch eine solche Gewohnheitsveränderung im Denken entsteht, dass die Seele Sophia wird.

Der andere Weg ist der Weg der richtigen Meditation des Johannes-Evangeliums.

Es ist natürlich deutlich, dass die Reinheit der Seele sowohl das Denken als auch das Fühlen und das Wollen umfassen muss.

Durch die Konzentration und die Meditation wird nicht nur das Denken rein und kräftig, sondern auch der Wille wird erzogen, weil er sich für längere Zeit in einem Gebiet einsetzen muss, das rein geistig ist.

Auch das Gefühl wird in eine Metamorphose gebracht, weil das Gefühl sich in Bezug auf die persönliche Seite das Schweigen auferlegt, es sich jedoch auf der anderen Seite zu einer Gewohnheit macht, mit aller Feurigkeit, die das Gefühl hat, die reinen Gedanken zu erleben. Das ist die Metamorphose des Gefühls.

Der Wille, der sich schon durch die Konzentration, die Meditation und die Übung des reinen Denkens umzuwandeln beginnt, muss nun noch dazu gebracht werden, einen Schritt zu setzen, der die Katharsis vollständig macht.

Dieser Schritt wird im dritten Kapitel des Johannes-Evangeliums angedeutet, wo Jesus im Gespräch mit Nikodemus ist. Nikodemus ist eine prominente Figur seines Volkes und kommt in der Nacht zu Jesus, um ihm zu bezeugen, dass er an ihn glaubt. Jesus weist darauf hin, dass nur derjenige, der wiedergeboren wird, das Reich Gottes sehen kann. Es erweist sich dann die Ohnmacht von Nikodemus, diese Fortsetzung zum Geistigen hin mitvollziehen zu können. Er kann sich die Wiedergeburt nicht geistig vorstellen, und Jesus sagt: Der Mensch muss aus Wasser und Geist neu geboren werden.

Durch Konzentration, Meditation und Übung des reinen Denkens wird unser Verstand, der noch von persönlichem Gefühl durchwoben ist, umgeformt zu reinem Wasser. Aber für die geistige Wiedergeburt, von wo allein aus der Mensch das Reich Gottes sehen kann, muss der Geist sich hinzufügen.

Wiedergeboren aus Wasser und Geist. Dieser neue, wiedergeborene Mensch lebt nicht in dem physischen Leib, sondern wird gerade außerhalb dessen wiedergeboren.

Der Geist wird eingehaucht, so, wie der Wind weht und der Mensch nicht weiß, von wo er kommt und wohin er geht. Außerhalb des Physisch-Leiblichen findet die Wiedergeburt statt. Aber der moderne Mensch hat da keinen Standpunkt. Dieser Standpunkt außerhalb des Leibes kann wieder auf verschiedene Weisen entwickelt werden.

Wenn wir die Entwicklung vom menschlichen Denken zu Christus hin, wie wir sie bis jetzt beschrieben haben, fortsetzen, ist der nächste Schritt, dass das Bewusstsein des Gedachten sich verwandelt, sich metamorphosiert in das Selbstbewusstsein des Denkens. Das ist ein Schritt von einem Denken, bei dem die Aufmerksamkeit auf den Inhalt gerichtet ist – ob das nun Abbild, Begriff oder zusammenhängende Wirkung zwischen den Begriffen ist –, hin zur Aktivität des Denkens.

Dafür muss Kraft gewonnen werden, um so stark und mutig zu werden, dass man es vermag und über sich bringen kann, *aus sich selbst herauszutreten*. In einen Ausnahmezustand begibt man sich, einen Zustand, in den man im gewöhnlichen Erdendasein nie von selbst kommen wird, außer im Moment des Todes.

Nun bringt man diesen Prozess aus freiem Willen in Gang, und man versucht, nicht im Gedanken verwickelt zu bleiben, sondern gleichsam ent-wickelt die Anschauung des Denkprozesses zu finden.

Ein Zusammenleben mit dem Gedachten, wie wir es gewohnt sind, muss hierfür geopfert werden, und man muss es über sich bringen können, sich in völliger Einsamkeit in das Selbstbewusstsein des Denkens als Prozess abzusondern.

Der Gedanken*inhalt* wird ganz *vergessen*, und man versetzt sich bewusst in die Anschauung desjenigen, was man tut, wenn man denkt. Das ist nicht wiederum Inhalt von Gedanken, das ist *sinnvolle Bewegung*, die wir schon in der Entwicklung des Bewusstseins von dem Zusammenhang zwischen den Begriffen zu Beginn kennengelernt hatten.

Wenn man den Begriff und das Abbild des Wortes ‚Anfang' mit dem Begriff und dem Abbild des Wortes ‚Wort' in Zusammenhang bringt, dann geht es nicht um das Resultat dieses Zusammenbringens, sondern es geht gleichsam um das *musikalische Verhältnis*, das dazwischen aktiv ist. Das ist der Denkprozess, die Denkaktivität. Das ist nicht der eine Begriff oder der andere Begriff, auch nicht der kombinierte Begriff, sondern es ist die Bewegung zwischen den Begriffen, in dem Moment, wo man sinnvoll das eine mit dem anderen in Verbindung bringt.

Das sinnvolle Verbinden tritt in die Anschauung, wenn das Ringen lange genug durchgehalten und regelmäßig genug getan wird.

Damit hat man nicht eine bestimmte Technik entwickelt, sondern man hat einen moralischen Schritt gemacht, der schwerer ist als der Wille zur Konzentration oder Meditation, der schwerer ist als der Wille zum reinen Denken. Denn der Denker sieht in dem nicht-gereinigten Seelenleben nur die Gedanken und wird nie selbst zum anschauenden Gedanken. Das bedeutet im Grunde, dass im gewöhnlichen Seelenleben der Denker in der Seele wohnt, mit ihr verwachsen ist und darin auch die unbewussten Einflüsse aus Gefühl und Wille in das Denken hineinträgt.

Nun muss nicht nur das Denken *in* der Seele zu einem reinen Denken gemacht werden, sondern es muss eine Position außerhalb der Seele gefunden werden, die die Denkaktivität anschauen kann. Der Denker wird gedacht.

Das ist eine Wiedergeburt aus Wasser und Geist.

Das Pneuma des Geistes haucht Leben in das klare reine Wasser.

In der Katharsis werden die Denkbewegungen im Ätherleib anschaulich. Erleuchtung ist dies noch nicht. Zuerst muss noch viel ausgehalten werden, bevor das menschliche Denken in eine solche Metamorphose gekommen ist, dass es wirklich Affinität mit dem ursprünglichen Denken des Logos, von Christus, zu bekommen beginnt.

LUZIFER

Denk immer an das Ende und daran,
daß die verlorene Zeit nie wiederkommt.
Ohne Eifer und Fleiß
kannst du keine einzige Tugend erlangen.
Sobald das Feuer des Eifers nachzulassen anfängt,
sobald hört das rechte Wohlergehen auf.

Thomas von Kempen[10]

Wenn der Mensch ein *unkompliziertes* Wesen wäre, das sich ganz und gar ausschließlich in der Entwicklung befände, wie sie durch die guten geistigen Mächten gewollt wird, würden all diese Übungen nicht notwendig sein – oder würden diese Übungen so verlaufen, wie Übungen nun einmal verlaufen, wenn ein außergewöhnlich genialer und talentierter Mensch sie verrichtet. Die Kunst von Konzentration, Meditation und reinem Denken und das Aus-dem-Denken-Heraustreten als Zuschauer würde mit Leichtigkeit gelernt werden.

Nun ist es aber deutlich, dass der Mensch ein sehr *kompliziertes* Wesen ist, das sich bewusst und unbewusst heftig gegen den Willen der guten geistigen Mächte widersetzt. Dieser Widerstand beruht auf der Tatsache, dass der Mensch sich von den Gegenmächten dieser guten geistigen Wesen benutzen lässt, die mit dem Menschen etwas sehr Bestimmtes vorhaben. Das Gehen des Weges, der von dem menschlichen Denken zu Christus führt, ist daher ein Weg der Selbstüberwindung, insoweit dieses ‚Selbst' auf jenen Einwirkungen der Gegenmächte beruht. Darum verläuft der Weg nicht leicht und bequem und ist es ein Kampf, damit zu beginnen, durchzuhalten und auch wirklich weiterzukommen. Natürlich stehen einem dabei die guten

[10] Thomas a Kempis, De imitatione Christi, Nachfolge Christi, 25. Kapitel.

geistigen Mächte zur Seite, aber diese werden in unserer Zeit nicht mehr unfreiwillig von einem ‚Gebrauch machen'.

Die größte Aufgabe für den Menschen in unserer Zeit ist es, den Willen aufzubringen, sich wirklich auf einen objektiven Standpunkt in Bezug auf die eigene Seele zu stellen. Das ist also keine technische Geschicklichkeit, sondern es ist ein durch und durch moralischer Schritt, der gemacht werden muss. Und obwohl dieser Schritt in dem Gebiet des menschlichen Erkenntnisvermögens liegt, ist es nicht etwas, was mit einer Zunahme von abstraktem Wissen verglichen werden kann. Es ist die Entwicklung einer moralischen Fähigkeit, die sich im rein Geistigen abspielt.

Der Intellekt des Menschen ist in der modernen Zeit an sich ein rein geistiger Prozess. Nur insoweit Wünsche und Gefühle, Erinnerungen und Sinneseindrücke darin aufgenommen werden, bekommt er einen selbstsüchtigen Charakter und wird aus dem rein Geistigen in andere Gebiete gebracht. Der Intellekt an sich jedoch ist rein geistig. Nur hat er allen geistigen Inhalt verloren.

Mit Leibniz kann man sagen: Nichts ist im Verstand, was nicht vorher in den Sinnen war; außer dem Verstand selbst. (Nihil est in intellectu, quod non prius fuerit in sensibus, excipe: nisi intellectus ipse).[11]

Darum ist diese Ausnahmeposition, diese Zuschauerposition des Menschen, der sich außerhalb des Intellekts stellt, von solcher Wichtigkeit, weil der Intellekt dann die erste Anschauung des reinen Geistes wird.

Nun ist es an diesem Punkt wichtig, sich mit Hilfe der Geisteswissenschaft Rudolf Steiners auf die Geschichte der Seele des Menschen auf Erden zu besinnen. Diese Besinnung ist notwendig, damit wir besser verstehen und erleben können, warum es so schwer ist, in diese Ausnahmeposition zu treten, und warum es einen so gewaltigen Sieg bedeutet, wenn dies schließlich doch zustande gebracht wird.

---

[11] Neue Abhandlungen über den menschlichen Verstand. 1704, II, 1, § 2.

In der Vortragsreihe, die Rudolf Steiner 1911 in der Weihnachtszeit in Hannover gehalten hat,[12] bespricht er auf eine geisteswissenschaftliche Weise die luziferische Versuchung.

Die guten geistigen Mächte hatten den Menschen als ein ‚Ich' gedacht, das sich wahrnehmend in einer Zuschauerposition außerhalb des Astralleibes, des Ätherleibes und des physischen Leibes befinden sollte. Das Ich sollte also nicht eine verhärtete Außenwelt um sich herum haben, wie wir sie nun haben, sondern es hätte als Wahrnehmungsobjekt den Astralleib, den Ätherleib und den physischen Leib gehabt. In dem physischen Leib hätte es dann wahrgenommen, wie das Blut ätherisch gewesen wäre, wie es sich auf Erden aber verdichtet hätte, so weit, dass es fast materiell geworden wäre, doch es hätte die Grenze zur wirklich materiellen Verdichtung nicht überschritten.

Das ‚Ich' hätte den physischen Leib als eine Imagination der Geister der Form wahrgenommen, hätte den Ätherleib als eine Inspiration der Geister der Bewegung wahrgenommen und hätte schließlich den Astralleib als eine Intuition der Geister der Weisheit wahrgenommen. Von einem anderen Gesichtspunkt aus kann man es auch andersherum sagen: Die Exusiai wären die Form für das Ich gewesen, die Dynameis die Bewegungsmöglichkeit, die mit dem Astralleib zu tun hat, die Kyriotetes die Weisheit des Ätherleibes, und die Throne hätten dies schließlich als eine physische Hülle umgeben. Das ‚Ich' jedoch wäre außerhalb des Ganzen in der Anschauung geblieben.

Nun kam jedoch Luzifer, und wir lesen hierüber in den verschiedenen religiösen Strömungen dasselbe, in verschiedenen Bildern. Man denke an die Mythe von Persephone und natürlich an die Genesis. Luzifer bewirkt gleichsam das ‚Ich', indem er es darauf hinweist, dass es nur ein langweiliges Dasein hat, so außerhalb aller Wirklichkeit. Er gibt diesem Ich den Weg an und zugleich auch die Möglichkeit, in den Astralleib unterzutauchen und sich in dessen Wirklichkeit *darinnen* zu fühlen. Doch weil der Astralleib viel mächtiger als das noch junge ‚Ich' ist, würde das Letztere in dieser Macht ganz aufgehen, wenn Luzifer diesem ‚Ich' nicht gleichsam die Hand böte und ihm

[12] Die Welt der Sinne und die Welt des Geistes, GA 134.

das *Ego* anböte, wodurch das ‚Ich' die Möglichkeit bekommt, innerhalb der Gewalt der Seele bewusst zu bleiben, jedoch infiziert mit der Selbstsucht.

Dadurch kommt in das Blut ein Impuls hinein, der pur luziferisch ist, wodurch sich das Blut durch den selbstsüchtigen Begierde-Impuls nicht mehr bis kurz vor dem Materiell-Werden hält, sondern sozusagen über die Grenze hinausschießt, so dass dasjenige, was zuvor rein geistige, übersinnliche Form war, jetzt gleichsam ‚durchbricht' und zu geformter Materie wird. Luzifer bewirkt, dass er mit dem Ego ein Übergewicht über das (weisere) Astralische bekommt, dass das Astralische ein Übergewicht über das Ätherische bekommt.

Dagegen tritt dann Ahriman auf, indem er dem Ätherischen ein Übergewicht über das Astralische verleiht, und dem Physischen über das Ätherische. Durch dieses letztere Übergewicht bekommt die Sinneswahrnehmung ihre heutige Natur, wodurch der Mensch in eine Maya, eine Illusion von Materialität blickt. Durch das Übergewicht des Ätherischen über das Astralische entsteht alle Ausscheidung. Durch das Übergewicht des Astralischen über das Ätherische entsteht die Notwendigkeit, zu essen und zu trinken, mit dem ganzen Organsystem, das dazugehört. Und durch das Übergewicht des Ego über das Astralische entsteht schließlich in letzter Konsequenz der klare, wache Intellekt.

Betrachtet man es von dem Durchbrechen der Form aus, kann man sagen:

Wenn die Form der Geister der Form in das Irdische eindringt, entsteht das Mineralreich,
beim Eindringen in das Ätherische entsteht das Skelett,
im Astralischen das Muskelsystem,
und wenn diese Form in das Ich durchbricht, entsteht das Nervensystem.

Nur die letzte Konsequenz dieses ganzen Prozesses – der Intellekt – ist unmittelbar der selbstbewussten Erziehung zugänglich. Luzifer gibt dem Menschen im Intellekt die Möglichkeit zum logischen Denken, und Ahriman gibt dessen naturwissenschaftlichen Inhalt, der ganz auf dem materialistischen Weltbild beruht und das Experiment braucht, um dieses Weltbild zu beweisen.

Wenn man diesen Hintergrund kennt, dann ist es nicht erstaunlich, dass es so schwer ist, diesen Intellekt so in eine Metamorphose zu bringen, dass er spiritualisiert werden kann. An sich ist dieser Intellekt spirituell, doch der Inhalt und die Art und Weise, in der mit diesem Inhalt umgegangen wird, ist es nicht, und darum ist diese geistige Form des Intellekts in Wirklichkeit geistig leer.

Wollen wir nun diesen luziferischen und ahrimanischen Intellekt so umformen, dass er wieder Verwandtschaft mit seinem ursprünglichen Urgrund, dem Logos, bekommt, so bedeutet dies daher, dass wir uns auf den Weg machen, die äußerste Konsequenz der luziferischen Verführung überwinden zu wollen. Dass dies nicht einfach ist, ist klar. Dass wir einen großen Willen zu Christus hin brauchen, liegt auf der Hand.

Während wir diesen Weg schon durch die Konzentration, die Meditation, die Entwicklung des reinen Denkens und das Einnehmen der Zuschauerposition gegangen sind, können wir uns darüberhinaus bewusst werden, dass auch unser gewöhnlicher Erkenntnisprozess, den wir auch verwenden, wenn wir die Geisteswissenschaft studieren, in eine Metamorphose gebracht werden müsste.

In unserer Zeit ist der Intellekt nicht mit der Moralität verbunden. Man kann sehr gut aus einer genialen intellektuellen Begabung heraus Professor werden, während man moralisch gesehen auf einem nicht allzu hohen Niveau steht. Das eine schließt das andere absolut nicht aus. Das würde bei der Entwicklung des Erkenntnisprozesses nicht mehr der Fall sein können. Dies bedeutet, dass man nur insoweit zu wirklicher Erkenntnis kommen kann, als die innere Entwicklung daran anschließt.

Man kann also bestimmte Dinge nicht begreifen, weil man nicht reif dafür ist. Das ist auch jetzt der Fall, nur wird dieses Nicht-Begreifen dann einfach durch ein *Wissen* ersetzt. Wenn wir den Erkenntnisprozess selbst von einem luziferisch-ahrimanischen Erkenntnisprozess in eine christliche Weise des Erkennens verwandeln wollen, dann sind dafür vier Schritte notwendig. Diese vier Schritte üben wir in Wirklichkeit auch, wenn wir uns konzentrieren, wenn wir meditieren und so weiter, doch es ist noch mehr notwendig.

Das Erste, was wir brauchen, ist eine völlige Umformung unserer Seelenhaltung in diejenige der Verwunderung.

Freudig war vor vielen Jahren
eifrig so der Geist bestrebt,
zu erforschen, zu erfahren,
wie Natur im Schaffen lebt.
Und es ist das ewig Eine,
das sich vielfach offenbart;
klein das Große, groß das Kleine,
alles nach der eignen Art,
immer wechselnd, fest sich haltend,
nah und fern und fern und nah;
so gestaltend, umgestaltend,
zum Erstaunen bin ich da.

In diesem Gedicht drückt Goethe poetisch seine Grundhaltung aus, die er bei seiner Untersuchung der lebenden Wesen hatte.[13]
Die Verwunderung müssten wir als eine Grundstimmung in der Seele entwickeln. Wir müssten diese haben, wenn wir äußere Erkenntnis suchen, und auch, wenn wir diese innerlich zu finden suchen. Verwunderung bedeutet, dass man kein Urteil formt, sondern mit einer aufgeblühten Seele abwartet, was kommt, in Freude. Es ist Erwartung. Es hat eine tiefe Bedeutung, dass man von einer Frau, die ein Kind bekommt, sagt, sie sei ‚in Erwartung'... Dies ist die verkörperte Verwunderung, könnte man sagen. So müsste man durch das Leben gehen, wenn man auf eine christliche Weise zu Erkenntnis kommen will.

---

[13] Goethe hat dieses Gedicht seinen Studien zur vergleichenden Anatomie, Teil seiner ‚Naturwissenschaftlichen Schriften', vorangestellt.

Aber das allein ist nicht genug. Es muss noch eine Stimmung hinzukommen, die mit einem so *tief* wie möglich gehenden Sich-Öffnen der Seele zusammenhängt. Verwunderung ist gleichsam ein Weit-Werden der Seele. Wir können dabei an das ‚Magnificat' von Maria im Lukas-Evangelium denken.[14] Die daraus hervorgehende Vertiefung der Seele, so dass sie sich gleichsam als Stimmung bis in die Tiefen des Daseins erstreckt, das ist die Stimmung der Ehrfurcht.

Wir werden diese Stimmung wiederzufinden suchen müssen. Sie ist seit der Zeit Rudolf Steiners nahezu verschwunden, und es wird hart daran gearbeitet, sie völlig verschwinden zu lassen. Aber es ist eine menschliche Anlage, Ehrfurcht zu empfinden, ohne dass diese zu Untertänigkeit führt – denn das ist natürlich ganz und gar nicht dasjenige, was mit Ehrfurcht gemeint wird. Ehrfurcht ist vertiefte Verwunderung. Dadurch bleibt die Seele nicht in sich selbst beschlossen, sondern breitet sich über die ganze Schöpfung aus und vertieft sich bis in deren tiefste Gründe.

Aber auch das ist noch nicht hinreichend. Der nächste Schritt, der hieraus hervorgeht, ist das von Wirklichkeitssinn durchdrungene Erkennen, dass man in seiner Phase der Entwicklung bestimmte Dinge erkennen kann, aber bestimmte Dinge auch *nicht*, und dass man lernen muss, Geduld zu haben, wobei man in der Zeit, in der man diese Geduld übt, so aktiv wie möglich wird, um an sich selbst zu arbeiten. Dadurch wird man dasjenige, was einem in diesem Moment noch fehlt, später haben, und man wird dann würdig befunden werden, auch diese Erkenntnis die eigene zu nennen. Es ist deutlich, dass man dafür die Stimmung der Ehrfurcht kennen muss, denn nur mit Ehrfurcht wird es möglich, einzusehen, dass es Erkenntnis gibt, die *so* groß ist, dass sie für die eigene kleine Seele noch nicht verfügbar sein kann.

Jeder kennt diesen Wachstumsprozess im Erkennen. Wenn man schon lange, über Jahre, die Bücher und Vorträge Rudolf Steiners liest, weiß man, dass ein bestimmtes Buch, das man vor zwanzig Jahren gelesen hat und das man jetzt, nach zwanzig Jahren, von neuem

[14] Und Maria sprach: Meine Seele preist den Herrn (Magnificat anima mea Dominum). Lukas 1, 46.

zur Hand nimmt, einem so erscheint, als hätte man es nie gelesen. Ganz andere Dinge fallen einem auf, werden einem bewusst, versteht man besser. Man kann davon ausgehen, dass es, wenn einem noch einmal zwanzig Jahre zu leben gegeben sind, und man es dann wiederum in die Hände nimmt, einem wieder so gehen wird – aber auf eine ganz andere Weise. Das ist das Wachstumsvermögen der Seele, wodurch sie sich bereit macht, bestimmten Erkenntnissen würdig zu sein.

Der vierte Schritt schließlich ist die Erkenntnis, dass das menschliche Denken im Fortgang des Erkenntnisprozesses zu einem großen Teil auf der Berichtigung von Irrtümern beruht. Nicht so sehr zu einer unmittelbaren Wahrheit ist das Denken imstande, sondern zu dem Korrigieren verkehrter Einsichten. Das ist natürlich eine schwierige Sache für die intellektuelle Eitelkeit. Viel Zeit in seinem Leben widmet der Mensch den Versuchen, zu beweisen, dass er doch Recht habe. Alle Energie, die auf Diskussionen verwendet wird, beruht darauf. Es ist der vierte Schritt, dass hier ein Perspektivwechsel auftritt und dass man mehr Aufmerksamkeit auf die Tatsache richtet, dass man als Mensch imstande ist, bestimmte Einsichten – von denen man sicher ‚wusste', dass man Recht hatte – zu korrigieren, oder zu sehen, wie das bei dem Mitmenschen geschieht, zumindest wenn man imstande ist, sich dann nicht doch wieder auf den rechthaberischen Standpunkt zu stellen.

Mehr und mehr lernt man, in einer verwunderten, ehrfürchtigen, geduldigen Hingabe an das Erkennen zu leben und zu wissen, dass es viel weniger darauf ankommt, was man alles meinen und finden kann, sondern dass es vor allem darauf ankommt, was die Wirklichkeit selbst einen lehrt.

Das gibt eine solche Entspannung und Hingabe des Erkenntnisprozesses, dass man auf dessen Kraft aus dem eigenen Astralleib heraustreten kann und die Position des Zuschauers wiederfinden kann, der auf das eigene menschliche Wesen in Imagination, Inspiration und Intuition schaut.

Wenn du aber im Eifer zu allem Guten aushältst,
so wirst du großen Frieden finden,
und alle Arbeit wird dir leicht werden;
denn Gottes Gnade und die Liebe zur Tugend
machen alle Bürden leicht.
Wer Eifer und Fleiß hat, der ist zu allem bereit.

Thomas von Kempen

DENKEN UND WAHRNEHMUNG

Durch das Lesen eines Buches kann man nicht Verwunderung, Ehrfurcht, Geduld und Hingabe entwickeln. Wohl aber kann man in Feuer und Flamme geraten und daraus den Impuls fassen, ans Werk zu gehen.

Es ist nötig, dass wir, von dem heutigen Denken ausgehend, uns noch einmal auf dessen wirkliche Bedeutung besinnen. Wir haben schon festgestellt, dass von Natur aus das Denken ein Schattenreich von Worten, Bildern und Gedanken ist. Wir haben durch Übung bemerkt, dass dieses Denken verstärkt werden kann und dass es sich dadurch allmählich von einem Schatten in etwas Wirkliches metamorphosiert. Dadurch wird das Denken in sich selbst und in der Welt etwas, was ein wirklicher Bestandteil dieser Welt ist, während es zuvor an sich keine Bedeutung zu haben schien. Es schien nur da zu sein, um zu einem Bewusstsein von der Ordnung der Dinge zu kommen, ohne dass es dem selbst etwas hinzufügte.

Nun müssen wir diesen eigenen Charakter des Denkens noch einmal zum Gegenstand unserer Anschauung machen. Dafür richten wir den Blick nach außen.

Wir beschließen nun nicht, unsere Sinne abzuschließen, wohl aber versuchen wir, unseren persönlichen Anteil und unsere Erinnerung auszuschließen. Wir versuchen, zu sehen und zu hören, zu riechen und zu schmecken, zu tasten, wie es ein Säugling, ein Kleinkind tut, das noch kein Wissen hat. Aber während wir unser angesammeltes Wissen aus dem Gedächtnis ganz und gar außer Betracht lassen, nehmen wir die Sinneseindrücke dennoch so wahr, dass sie bedeutungsvoll sind. Das ist eine Fertigkeit, für die wir die ‚Erwachsenheit' brauchen.

Die Übung ist einfach, aber sie zu beschreiben, ist außergewöhnlich kompliziert, weil der Mensch eine solche Sinneswahrnehmung als Erwachsener nicht mehr anwendet.

Ich richte meinen Blick hinauf zum Sommerhimmel, ich sehe das lichte Blau und die vorbeiziehenden weißen Wolken. Wolken, weiß, vorbeiziehend, blau ... das sind Feststellungen. Wenn ich diese nicht mache, dann starre ich den Himmel an und würde sozusagen nicht einmal wissen, dass es der Himmel ist, zu dem ich schaue.

Ich habe im Wahrnehmen als Gewohnheitsbildung ein Denken, das die Bedeutung gibt, noch bevor ich zu einem Werturteil übergehe. Dieses einfachen anschauenden Denkens will ich mir in jeder Sinneswahrnehmung bewusst werden. Es ist immer da, doch ohne mir dessen bewusst zu werden, glaube ich, dass es meine Sinne sind, die mir sagen: blau, weiß, Wolke, vorbeiziehen. Nun versuche ich, ein Unterscheidungsvermögen für dasjenige zu entwickeln, was reiner Sinneseindruck ist, und das, was in diesem Sinneseindruck die Bedeutung gibt.

Dadurch entdecke ich im sinnlichen Wahrnehmen eine reine Denkaktivität, die in Wirklichkeit sinnlichkeitsfrei ist, wohl aber mit den Sinnen verbunden ist.

Das sind Rätsel in Bezug auf das Erkenntnisvermögen des Menschen, die nur aufzulösen sind, wenn man sich in einer immer feineren und feineren Selbstwahrnehmung übt.

Man braucht dabei nicht alles selbst herauszufinden. Es gibt Vorgänger, die die Ideen dafür gefasst haben und die man zu Rate ziehen kann, wenn man diese Ideen finden will, wodurch man die eigene Übung leichter zustande bringen kann.

Ein solcher Vorgänger ist Goethe, der zum Beispiel in seinen ‚Sprüchen in Prosa' eine Art Erkenntnistheorie gibt, die mit dem Satz beginnt: ‚Die Sinne trügen nicht, das Urteil trügt.'

Goethe betrieb seine Naturwissenschaft mit dem, was er ‚anschauende Urteilskraft' nannte. Dies ist genau jenes *in* der Anschauung durch die Sinne verlaufende Denken, das nicht aus Willkür zu der Verbindung bestimmter Denkinhalte kommt, sondern das sich gleichsam durch die Wirklichkeit selbst zu einem Urteil führen lässt.

Es ist hier von großer Wichtigkeit, den *Wert des Denkens* in der Wahrnehmung nicht aus dem Auge zu verlieren. Man könnte doch wiederum in die Auffassung verfallen, dass man überhaupt nicht denken dürfe und dass man die Sinneswahrnehmung sprechen lassen müsse. Das aber würde wiederum auf der Unterschätzung der wesentlichen Bedeutung des Denkens beruhen.

Es ist die Urteilskraft selbst, die anschaut, und es ist nicht so, dass die Anschauung das Urteil aufdrängt. Dies ist ein Unterschied, der in einer meditativen Betrachtung fruchtbar gemacht werden könnte.

Ein anderer großartiger Lehrer auf dem Gebiet der Bedeutung des wesentlichen Denkens ist dann natürlich Rudolf Steiner. Schon in seinen Betrachtungen über die Erkenntnistheorie der Goetheschen Weltanschauung finden wir seine umwälzenden Einsichten in Bezug auf das Denken.

In der Philosophie sieht man das Denken als eine Abspiegelung der Wirklichkeit, die mit den Sinnen wahrgenommen wird. Seit einigen Jahrhunderten herrscht die Auffassung, dass die Sinne die ganz andere, echte Wirklichkeit in jene Welt von Schönheit und Pracht verzaubern, die wir kennen, und dass unser Denken ein machtloses Instrument ist, das nur imstande ist, von dieser verzauberten Welt Vorstellungen zu bilden und diese miteinander in Verbindung zu bringen. So gesehen bewegt sich der Mensch gleichsam in einem Wahn und lebt eingehüllt in diesen Wahn mit seinen Gedanken, Gefühlen und Willensimpulsen.

In der ‚Philosophie der Freiheit' hat Steiner dieser Weltanschauung das Fundament entzogen, doch diejenigen, die fest in dieser modernen Weltanschauung verwurzelt sind, sehen die Logik von Steiners Argumenten nicht und beginnen, gegen dieses Umgeworfen-Werden zu kämpfen. Aber wie gesagt, in den ‚Grundlinien einer Erkenntnistheorie der Goetheschen Weltanschauung' gibt er eine umwälzende Sicht auf das Denken. Weil das Denken aber nun einmal diesen Scheincharakter hat, gibt es viele Leser, die mit diesem Scheindenken die radikale Umkehr, die Steiner hier beschreibt, nicht mitvollziehen können.

Dennoch ist es nicht allzu schwer. Zunächst einmal geht es darum, sich neutral hinsichtlich seiner Aussagen zu verhalten. Man braucht nichts anzunehmen, man braucht nichts abzuweisen, man kann anhand dieser Ideen einmal zu einer Prüfung dieser Ideen übergehen.

Die radikale Umkehr besteht darin, dass Rudolf Steiner sagt: Nicht die Sinneseindrücke geben mir die Wirklichkeit, es ist das Denken in diesen Sinneseindrücken, das diesen Sinneseindrücken den Wirklichkeitscharakter gibt. Das heißt also, es ist nicht so, dass die Sinne die Bedeutung in sich tragen und das Denken dem folgt, sondern dass die Sinneseindrücke leere Hülsen sind, die erst gefüllt werden, wenn der Mensch denkt.

Dann aber ist es dieses Denken, was den eigentlichen Wert des Menschseins ausmacht, und nicht die Sinne. Dann begreift man auch die Notwendigkeit, so viel wie möglich zu studieren, damit man mit so viel wie möglich Inhalt in seinem Denken der Welt entgegentritt. Wenn man keine Begriffe zur Verfügung hat, sieht oder hört man auch nichts von Bedeutung. Der Mensch ist ein denkendes Wesen, das der Schöpfung Bedeutung verleiht. Die Schöpfung trägt diese Bedeutung in sich selbst, hat diese aber nicht im Bewusstsein. Der Mensch kann sich der Bedeutung der Schöpfung bewusst sein, und diese Möglichkeit hat er dank des Denkens.

Eine fortwährende Entwicklung des Begriffs bedeutet daher ein immer weitergehendes Sich-Einleben in die Weltordnung.

Nun hat Rudolf Steiner viel später in seiner Wirksamkeit erneut über dieses reine Denken in der Wahrnehmung gesprochen, welches jeder Mensch hat. Wenn er es nicht hätte, wäre er mit geöffneten Sinnen blind und taub.

Wenn man sich dessen bewusst wird, ist dies eine wichtige Stütze für das meditative Leben. Dieses Denken in den Sinnen beruht nämlich nicht auf Erinnerung. Die Worte, die man verwendet, beruhen auf Erinnerung, die Begriffszusammenstellungen beruhen auf Erinnerung. Aber die direkte Feststellung nicht. Es ist eine große Stütze, wenn man sich dieses unmittelbaren Denkens in der sinnlichen Wahrnehmung gesondert bewusst werden kann. Man hat dann ein anschauendes Denken, das man anwenden kann, wenn man meditiert; man hat noch eine Extra-Möglichkeit, um das Denken leibfrei zu machen.

Denn auf der einen Seite nimmt man in der Meditation einen Inhalt, der nicht aus den Sinnen kommt, und auf der anderen Seite schaut man denkend diesen meditativen Inhalt mit einem originär reinen, nicht auf

Erinnerung beruhenden anschauenden Denken an. Es ist Herkulesarbeit, aber diese Arbeit führt zu der großartigsten Befreiung, die in einem Menschenleben stattfinden kann: zur Befreiung der Menschenseele aus dem Leib, während das Bewusstsein erhalten bleibt.

An sich ereignet sich dieses Heraustreten jede Nacht, wenn man in den Schlaf übergeht. Dann ist man eingeschlafen.

Durch die Meditation versucht man, einen derartigen inneren Zustand unter Erhalt des Bewusstseins zu erreichen. Man muss dafür so weit kommen, dass man den sinnlichkeitsfreien Denkinhalt in der Meditation so wirklich wie eine sinnliche Wahrnehmung sehen lernt. Mit dem Denken schaut man dann diesen sinnlichkeitsfreien Inhalt an. Es ist ein reines, ohne Erinnerung denkendes Anschauen.

Rudolf Steiner:[15]

‚Man ist so gewohnt, die Welt der Begriffe für eine leere, inhaltslose anzusehen, und ihr die Wahrnehmung als das Inhaltsvolle, durch und durch Bestimmte gegenüberzustellen, daß es für den wahren Sachverhalt schwer sein wird, sich die ihm gebührende Stellung zu erringen. Man übersieht vollständig, daß die bloße Anschauung das Leerste ist, was sich nur denken läßt, und daß sie allen Inhalt erst aus dem Denken erhält. Das einzige Wahre an der Sache ist, daß sie den immer flüssigen Gedanken in einer bestimmten Form festhält, ohne daß wir nötig haben, zu diesem Festhalten tätig mitzuwirken. Wenn der eine, der ein reiches Seelenleben hat, tausend Dinge sieht, die für den geistig Armen eine Null sind, so beweist das sonnenklar, daß der Inhalt der Wirklichkeit nur das Spiegelbild des Inhaltes unseres Geistes ist und daß wir von außen nur die leere Form empfangen. Freilich müssen wir die Kraft in uns haben, uns als die Erzeuger dieses Inhaltes zu erkennen, sonst sehen wir ewig nur das Spiegelbild, nie unseren Geist, der sich spiegelt. Auch der sich in einem faktischen Spiegel sieht, muß sich ja selbst als Persönlichkeit erkennen, um sich im Bilde wieder zu erkennen.

Alle Sinnenwahrnehmung löst sich, was das Wesen betrifft, zuletzt in ideellen Inhalt auf. Dann erst erscheint sie uns als durchsichtig und klar.'

---

[15] Grundlinien einer Erkenntnistheorie der Goetheschen Weltanschauung, GA 2, S. 66f.

AHRIMAN

Sobald wir unsere Sinne für die Wahrnehmung öffnen, haben wir es mit der anderen Gegenmacht zu tun, die uns zu der Überzeugung bringen will, dass wir in einer materiellen Welt leben, dass das Materielle auch unser eigenes Fundament ist, dass es nichts anderes als Materie gibt. Dieser Geist der Verdichtung ist es, mit dem wir es in unserer Zeit sehr stark zu schaffen haben. Luzifer wirkt aus der Vergangenheit heraus und versucht, zu verhindern, dass der Mensch zu selbstständiger Moralität fortschreitet. Er ist nicht gegen Moralität, aber er will den Menschen darin nicht die Freiheit erwerben lassen. Ahriman ist der Geist, der danach strebt, den Menschen stärker voranzubringen, als er es vertragen kann. In dieser Entwicklung befinden wir uns voll und ganz.

Das wichtigste Medium, wodurch dieser in die Zukunft ziehende Geist wirkt, ist das Medium des Elektromagnetismus und der elektronischen Medien. Das ist eine starke Macht, die uns unbemerkt immer weiter weg von jenem Denken führt, das mit dem Logos in Verbindung war. Das logische abstrakte Denken hat in der Tiefe noch eine gewisse Verwandtschaft mit dem Logos. Die künstliche Intelligenz und ihr Effekt auf die menschliche Intelligenz kehrt sich wirklich gegen den Logos.

Diese künstliche Intelligenz hat zwei Seiten. Auf der einen Seite wirkt sie aufgrund der Elektrizität und des Magnetismus. Das bedeutet, dass nur ein Denken möglich ist, in dem der elektrische Aspekt vorherrscht. Auch dieses Denken erleuchtet, tut dies aber auf eine völlig andere Weise als ‚das wahre Licht, das jeden Menschen erleuchtet'. Auf der anderen Seite entwickelt man anhand dieses Medium-Denkens eine ganz andere, neue Art des Lesens und Denkens.

Auch hier kann allein die Selbstwahrnehmung die richtigen Begriffe bringen. Wenn man nicht auf sich selbst achtet, merkt man die Wirkungen dieser modernen Technik überhaupt nicht. Man wird höchstens gewahr, dass man davon etwas angespannt und vielleicht auch müde wird, dass man einen ‚Mausarm' und ein Burnout bekommt. Was es aber nun genau mit dem geistigen Vermögen macht, entzieht sich der eigenen Wahrnehmung.

Es führt zu weit, in diesem Rahmen eine vollständige Beschreibung dessen zu geben, was unsere moderne Zeit in uns bewirkt.[16] Hier will ich darauf hinweisen, dass in jedem Menschen neben dem eigenen menschlichen, geistigen Seelenwesen noch ein anderes geistiges Wesen in seinem Leib wohnt, das ihm als Geselle während des Lebens auf Erden mitgegeben ist. Dies ist ein ahrimanisches Wesen mit einer übermenschlichen Intelligenz und mit vollkommen fehlendem Gefühl.[17] Dieses Wesen hat eine starke Verbindung mit dem elektromagnetischen Feld, und es bringt das eigentliche Menschenwesen durch seine Art ebenso in Verbindung mit diesen unternatürlichen Kräften.

Dadurch bekommt der Mensch eine Möglichkeit zu einer Intelligenz, die viel schneller und zielsicherer wirkt als die rein menschliche Intelligenz. Diese neue Intelligenz hängt sehr stark mit der sinnlichen Wahrnehmung zusammen. Es ist ein rasendschnell kombinierendes und analysierendes Vermögen, wobei die begriffsmäßige und gefühlsmäßige Seite allmählich verschwinden. Das *Wissen* tritt in den Vordergrund, und es spielt keine Rolle, wie man zu diesem Wissen gekommen ist, wenn man nur zeigen kann, dass man es *weiß*. Auf alle Fragen gibt es eine Antwort, und es geht um die Schnelligkeit, mit der man diese Antwort produzieren kann, nicht um den Weg, auf dem man zu dieser Antwort gekommen ist.

Das ist die neue Intelligenz.

Ihr wird in zunehmendem Maße Bedeutung beigemessen, und auch alle Testverfahren testen diese Intelligenz.

Der magnetische Aspekt sorgt für eine Anziehung in Richtung Ap-

---

[16] Ich verweise hierfür auf meine Vorträge und Seminare und die verfügbaren schriftlichen Fassungen davon.

[17] Siehe hierzu auch Rudolf Steiner, Individuelle Geistwesen und ihr Wirken in der Seele des Menschen, GA 178, erster und zweiter Vortrag.

paratur. Die Apparatur und all ihre Möglichkeiten sind faszinierend. Immer mehr kann man damit, immer weniger braucht man die eigenen Qualitäten. Für alles nimmt man sein Handy und surft im Internet oder macht ein Foto, ein Video, schickt eine Nachricht und so weiter. Die ganze Gesamtausgabe von Rudolf Steiner kann man auf seinem Handy lesen – zwar auf einem kleinen Bildschirm, aber man hat diese fast vierhundert Bände in der Tasche.

Man braucht eine genaue Selbstwahrnehmung, um die kaum zu benennenden Unterschiede zwischen dem *Lesen* auf einem Bildschirm des Handys, dem *Lesen* auf dem Schirm des Computers und dem *Lesen* in einem Buch, das man in den Händen hat, zu erfahren.

Diese Entwicklung der künstlichen Intelligenz gehört zur Entwicklung des Menschen dazu, und ich bin absolut der Meinung, dass es notwendig ist, dass jeder Mensch – auch der, der die Einweihung sucht – an dieser Entwicklung teilhat. Nur ist es eine Illusion, zu meinen, dass man dann der Schwächung, die die eigene Logos-Intelligenz dadurch durchmacht, nicht ein Vielfaches an Einsatz entgegenstellen müsste. Wir können mit einem ruhigen Herzen moderne Menschen sein, wenn dieses unser Herz bereit ist, den Impuls zu fassen, innerlich drei-, vier-, zehnmal so hart zu arbeiten, wie wir es bereits taten.

Der erste Schritt ist die Selbstwahrnehmung. Man wird natürlich nicht direkt gewahr, was es für einen Unterschied zwischen dem Lesen vom Blatt und dem Lesen am Bildschirm gibt. Doch im Laufe der Zeit, in der man mit seiner Selbstwahrnehmung experimentiert, entdeckt man, dass man am Bildschirm eine andere Art zu lesen entwickelt. Auch das ist nicht etwas, was unmittelbar da ist; es ist etwas, was sich langsam, aber sicher einschleicht. Man könnte es ein *globales Lesen* nennen.

Wenn man ein Buch auf dem Schoß hat und darin liest, dringen die Bedeutungen bis ins Herz. Natürlich, auch ein Buch kann man herzlos lesen, und wenn es ein langweiliges Buch ist, wird dies auch oft der Fall sein. Aber ein Buch von Rudolf Steiner ist nicht langweilig und wird, wenn man es wirklich liest, immer auch das Herz ansprechen.

Wenn man sich selbst beim Lesen am Schirm wahrnimmt, wird

man entdecken, wie da sehr fein eine Veränderung auftritt und man dazu gebracht wird, mehr auf den Inhalt hin zu lesen, und wie man eine Fertigkeit entwickelt, global und schnell, übersichtlich, zu lesen. Das ist eine Fertigkeit, die man sehr gut gebrauchen kann, wenn man Unterlagen und Dokumente lesen muss, einen Jahresbericht, ein Protokoll einer geschäftlichen Sitzung; aber es ist eine Art zu lesen, die für spirituelle Lektüre natürlich ganz unpassend ist. Dennoch entwickelt man eine Fertigkeit, auch spirituelle Literatur global, diagonal, übersichtlich und inhaltlich schnell aufzunehmen.

Es ist auch eine Art Selbstschutz, den man instinktiv anwendet, um das Medium, an dem man sitzt, nicht vernichtend in seinen Leib und seine Glieder aufzunehmen. Man muss eine gewisse Antipathiekraft entfalten, um sich gegen die unsäglich starke Einwirkung der Elektrizität und des Magnetismus zu wehren. Diese abwehrende Bewegung muss man aufrechterhalten, während man liest. Und diese abwehrende Bewegung gibt einem die neue Intelligenz. Man kann sein Herz nicht öffnen, denn man würde es durch die fortwährende Einwirkung jenes Feldes, das herzlos ist, vernichten. Man muss sich wehren, und so entwickelt man eine neue Art, Wissen aufzunehmen.

Diese globale Art und Weise, mit Wissen umzugehen, steht natürlich in diametralem Gegensatz zu der Vertiefung des Wissens in der Konzentration und der Meditation. Man wird diese Übungen mit zunehmendem Einsatz und Kraftentfaltung tun müssen, wenn man nicht doch in diese Entwicklung abgleiten will, die uns viel zu stark in die Zukunft führt und uns Möglichkeiten gibt, die überhaupt nicht in Übereinstimmung mit dem stehen, was wir jetzt bereits können. Es ist eine ergebnisorientierte Intelligenz, während das Suchen einer Annäherung an den Logos gerade das Resultat loslässt und eine Verbindung mit dem *Weg* zu bekommen sucht.

Wenn man etwas schnell wissen will, kann man dafür sehr gut das Internet verwenden, doch es ist wichtig, sich bewusst zu sein, dass dies zu Wissen führt und dass es vom Durchschauen wegführt.

Es gibt viele Menschen, die bestreiten, dass die Arbeit mit dem Computer diesen Effekt hat. Dieses Bestreiten ist sehr einfach. Man sagt dann: Das ist nicht wahr, was du hier besprichst, *ich* kann dies sehr wohl. Ich kann sehr gut Steiner auf dem Schirm lesen und es dann mit meinem Herzen aufnehmen.

Darauf möchte ich antworten: Ich würde wirklich sehr gerne wollen, dass dies wahr wäre, und ich halte es gewiss nicht für ausgeschlossen, dass der Mensch imstande sein wird, Herr und Meister über den Apparat zu werden und so mit vollem Erhalt der menschlichen Möglichkeiten doch von der Apparatur Gebrauch zu machen.

Was ich aber sehr wohl für *un*möglich halte, ist, dass diese Meisterschaft eine Gabe der Natur sein wird, etwas, was sich ohne Anstrengung entwickeln wird.

Die Wirkung der Unternatur und jenes ahrimanischen Doppelgängerwesens in uns geht in seiner Macht weit über unsere heutige menschliche Macht und unsere heutigen menschlichen Möglichkeiten hinaus.

Doch gerade dasjenige, was ich in diesem Buch zu beschreiben versuche, wird schließlich die Möglichkeit geben, stärker zu sein als diese mitreißenden, mächtigen, von außen kommenden Wirkungen.

DIE METAMORPHOSE VON DENKEN, FÜHLEN UND WOLLEN

Im Anschluss an die Besinnung auf die Gegenmacht, die *Ahriman* genannt wird, will ich meinen Ausgangspunkt in dem Bewusstsein des Menschen nehmen, der im Jetzt wach ist. Da fangen all unsere Übungen an, da leben wir unser Leben bewusst: wenn wir wirklich wach gegenwärtig sind.

Es scheint auf der Hand zu liegen, dass wir in dieser wachen Gegenwärtigkeit, die wir als Selbstbewussstsein kennen, schon dasjenige haben, was ‚Geistes-Gegenwart' genannt wird. Wir können meinen, dass wir da, wo wir wirklich im Moment leben können und wach sind, bereits einen Anfang der Spiritualisierung unseres Bewusstseins haben. Viele esoterische Strömungen würden dies unterschreiben, und es ist eine Art Sonderposition, die die Anthroposophie als innerer Entwicklungsweg innerhalb der esoterischen Strömungen einnimmt. Die Anthroposophie wirft Licht auf das heutige menschliche Wesen und zeigt, dass das menschliche Denken Luzifer verfallen ist, der Wille Ahriman und das Fühlen der Lust und der Kultivierung dieser Lust.

Ein solcher Mensch kann noch so bewusst und selbstbewusst im Jetzt anwesend sein, eine Entwicklung zu einer Spiritualisierung seines menschlichen Wesens wird er darin nicht finden können.

Die Anthroposophie weist auf den Intellekt als das am meisten Geistige im Menschen, das zugleich am meisten geist-leer ist. Aber weil es als Intellekt *der Geist selbst ist*, muss doch hier angesetzt werden. Tatsächlich ist es die Aufgabe, zu einer Metamorphose des Denkens zu kommen, in der Weise, dass die Anschauung des Denkens nicht mehr eine Anschauung von Gedanken ist, sondern eine Anschauung des Denk*prozesses*.

Im Vorangegangenen habe ich den Weg dahin in verschiedenen Schritten angegeben. Hier will ich noch einmal mit Nachdruck darauf hinweisen, dass das Denken, wie wir es kennen, ganz sicher nicht dasselbe bleibt, wenn es in diese Transsubstantiation gebracht wird.

Es ist schwierig, sich etwas vorzustellen, wenn man es noch nie erfahren hat. Dennoch hat der Mensch sehr wohl Möglichkeiten dazu. Wenn ein Reisender aus China zurückkehrt und über seine Erfahrungen erzählt, hat der Zuhörer durchaus die Möglichkeit, anhand dieser Erzählungen selbst Vorstellungen von China zu formen. Diese werden gewiss nicht immer mit der Wirklichkeit in Übereinstimmung sein, aber ein vorstellbarer Eindruck wird während des Zuhörens sicher entstehen.

Das ist auch der Sinn eines Buches wie diesem, worin ich etwas zu beschreiben versuche, was der Leser für gewöhnlich nicht aus eigener Erfahrung kennt, was aber durch die Beschreibung an sich schon eine gewisse Vorstellbarkeit herbeiführt. Daneben wird dann so konkret wie möglich angegeben, wie man diese Vorstellbarkeit in die eigene wirkliche Erfahrung umwandeln kann.

Dieses Kapitel werde ich also dem Unvorstellbaren widmen, das in etwas Vorstellbares umgeformt werden will.

Das klare logische Denken, das uns als Menschen eigen ist und das die unterschiedlichsten Inhalte denken kann, kann nie das Denken sein, das uns in der Annäherung von Christus befruchtet. Das logische Denken ist eine Gabe Luzifers, der exakte Inhalt darin eine Gabe Ahrimans. Das Ganze wird durch uns im Bewusstsein empfangen, indem dasjenige, was Denken im Astralleib ist, bestimmte Gedankenformen im Ätherleib hervorbringt, die dann durch unser Gehirn gespiegelt werden, wodurch unsere abstrakte Erkenntnis entsteht.

Es gibt jedoch einen Punkt, wo der Mensch auch im luziferisch-ahrimanischen Denken in einer unmittelbaren Berührung mit dem Logos ist. Dieser Punkt ist da, wo das wahre Licht jeden Menschen erleuchtet. Das sind nicht die Gedankenformen, das sind auch nicht die zu Wort und Bild gewordenen Gedanken; es ist die *Einsicht*, das Begreifen, das innerliche völlige Durchschauen eines Zusammenhanges.

Wenn wir die Gegenwart so durchstoßen wollen, dass wir bewusst in eine Berührung mit der Wort-Welt des lebendigen Logos kommen, dann müssen wir lernen, *in der Einsicht* zu leben. Die Einsicht jedoch ist etwas ganz anderes als der abstrakte Begriff. Hier liegt eine große Schwierigkeit. Hier gerade liegt dieses Unvorstellbare, weil der

Mensch im gewöhnlichen Begreifen die Augenblicke der Einsicht ganz und gar verschläft, weil sie im Willensgebiet des Denkens liegen, worin der Mensch gewöhnlich nicht wach ist.

In meinem Buch ‚Ich mache, was *ich* will! Freiheitsphilosophie für junge Menschen' habe ich die Betrachtung ganz und gar zu diesem Punkt der Einsicht hin geführt. Das kann ich hier nicht wiederholen. Auch in meinem ersten Buch ‚Suche das Licht...' habe ich die sichere Einsicht ins Zentrum gestellt.

Dort habe ich dies anhand des einfachen Begriffes des Kreises getan. Dieser Begriff wird in der Mathematik mit Hilfe von Worten formuliert. Anhand dieser Worte kann man sehen, dass man sie sehr gut auswendig lernen und reproduzieren könnte, was den Anschein erweckt, dass man den Begriff habe.

Man kann auch durch die Worte hindurch den Begriff des Kreises wirklich erfassen. Dann schaut man gleichsam durch die physische Realität der Abspiegelung im Gehirn hindurch auf dasjenige, was außerhalb des Gehirns die Wirklichkeit des Begriffs des Kreises ist. Würde man dies in Worte fassen wollen, würde man wiederum die Formulierung aus der Mathematik verwenden.

Man kann sich nun aber auch üben, diesen Begriff im Einsichtsmoment festzuhalten. Das ist so etwas wie die Aufforderung, sich aufrechtzuhalten, ohne festen Grund unter den Füßen zu haben. Im Geiste kann der Mensch das. Es ist eine Frage von Mut, Treue und Vertrauen.

So kann man auch seine Meditation der ersten Sätze des Prologs des Johannes-Evangeliums vertiefen, sich übend in einem Denken in Einsicht ohne Worte. Dann nimmt der Satz ‚Im Anfang war das Wort' Einsichtscharakter an, und man kann den Zusammenhang zwischen den verschiedenen Begriffen wiederum weiter vertiefen, indem man von allen üblichen Worten, Bildern und Begriffen absieht.

Auf diesem Weg findet man ein Einsichtsdenken, das ganz leibfrei ist und das dann nicht nur vom Gehirn, sondern auch aus dem Stoffwechsel und den Gliedmaßen befreit ist.

Dabei muss dann das Gefühl bis zum Äußersten befeuert werden, damit das Denken in Einsicht nicht ein lauer Prozess bleibt. Nicht der Einsicht voraus geht dieses Gefühl, sondern durch die Einsicht geweckt ist das Gefühl.
Weil die Einsicht mit einem anderen Wort Intuition heißt, lebt man, wenn man dies entwickelt, mit dem ganzen denkenden, fühlenden und wollenden Menschen intuitiv außerhalb des Leibes.

Dann aber bekommt auch das Zeiterleben eine ganz andere Qualität. Man schaut gleichsam, wie der Leib, den man verlassen hat, im Jetzt anwesend ist, während man ein geistiges Erleben hat, das im Jetzt überhaupt nicht mehr existieren kann. Dagegen berührt einen die Urqualität des Logos, Er rührt einen an.
Es ist dasjenige, wie der Mensch gedacht ist, was einen jetzt denkt. Es ist, was der Mensch einst sein wird, was jetzt das eigene Wesen durchwirkt. Das Leben des eigenen Wesens wird durchwebt. Ganz und gar aus dem Jetzt herausgehoben empfindet man sich, in einem Zeitgeschehen, in dem Alpha und Omega eins sind.
Noch ganz undifferenziert ist dieses Erleben anfangs, doch darum nicht weniger erschütternd und gnadevoll. Man fühlt darin, wie man einst als ein Keim eins mit dem Makrokosmos war und wie man später schon mehr als eigenes Wesen im Schoß der Götter ruhte, und dass auf Erden die Entwicklung zu einer freien Individualität eingesetzt hat. Als Ahnung weiß man dies, nicht als das bekannte, klare Gedankenwissen. Man wird außerhalb des eigenen Leibes gedacht und auf den Willenskräften geführt, die man eingesetzt hat.
In nichts ist dieses Denken mit dem gewohnten, bekannten Denken zu vergleichen, und darum ist es unvorstellbar. Es ist eine Kraft, die unaussprechlich ist, die man ertragen lernen muss, die als Licht wirkt, aber als nicht geoffenbartes Licht; man denkt ohne einen Gegenstand; durch einen spricht das unaussprechliche Wort. Unvorstellbare Vorstellung, unaussprechliches Wort, unsichtbares Licht... Aus aller Beschränktheit, die der Leib einem gibt, fühlt man sich herausgehoben...

DIE URSPRÜNGLICHE INTELLIGENZ AUSSERHALB DER GEGENWÄRTIGEN ZEIT

Aus dem Werk Rudolf Steiners.

Dieses Unvorstellbare, das Sein außerhalb des Leibes, zu vermitteln, ist am allerschwersten. Darum gibt es noch immer zu wenig Verständnis für die Notwendigkeit einer Metamorphose des Denkens in solcher Weise, dass sich dieses Denken wirklich ganz und gar aus der Gebundenheit an das Gehirn befreit.

Dann aber gleicht es auch in nichts mehr dem vertrauten, bekannten Denken, außer da, wo dieses *Einsicht* ist.

Rudolf Steiner hat diese Umwandlung des Denkens mit den geistigen Wesen Michael und Christus in Verbindung gebracht. In den *‚Anthroposophischen Leitsätzen'*, den letzten Aufzeichnungen Rudolf Steiners, sagt er:[18]

> ‚Man muß heute über die Natur so sprechen können, wie es die Entwikkelungsetappe der Bewußtheitsseele fordert. Man muß die rein naturwissenschaftliche Denkungsart in sich aufnehmen können. Aber man sollte auch so über die Natur sprechen – das heißt *empfinden* – lernen, wie es Christus gemäß ist. Nicht bloß über Erlösung von der Natur, nicht bloß über Seele und Göttliches sollen wir die Christus-Sprache lernen, sondern über den Kosmos.
>
> Daß unser menschlicher Zusammenhang mit dem ursprünglich Göttlich-Geistigen so gewahrt bleibe, daß wir über den Kosmos die Christus-Sprache zu pflegen verstehen, dazu werden wir kommen, wenn wir uns in innerlichem herzlichen Erfühlen ganz in das einleben, was Michael und die Seinen mit ihren Taten, mit ihrer Mission unter uns sind. Denn Michael verstehen, heißt heute den Weg finden zu dem Logos, den Christus unter Menschen auf der Erde lebt.'

---

[18] GA 26, S. 97f.

Und weiter:[19]

‚Was der Mensch durch dasjenige erlebt, was nur göttlich-geistiges *Werk in seiner Umgebung* ist, darf nur auf sein Geistiges (sein Ich) einen Einfluß haben. Auf seine physische und ätherische Organisation kann nur Einfluß haben, was sich in der Entwickelungsströmung nicht in seiner Umgebung, sondern innerhalb seiner Wesenheit selbst von dem fortsetzt, das seinen Anfang in Wesenheit und Offenbarung des Göttlich-Geistigen gehabt hat. Das aber darf in der Menschen-Wesenheit gar nicht zusammenwirken mit dem, was in dem Elemente der Freiheit lebt.

Dies ist nur dadurch möglich, daß Michael aus urferner Vergangenheit der Entwickelung etwas herüberträgt, das den Menschen einen Zusammenhang mit dem Göttlich-Geistigen gibt, das in der Gegenwart nicht mehr in die physische und ätherische Bildung eingreift. Dadurch entwickelt sich innerhalb von Michaels Mission der Boden für einen Verkehr des Menschen mit der geistigen Welt, der gar nicht ins Naturhafte hinübergreift.

Es ist erhebend anzusehen, wie durch Michael des Menschen Wesenheit in die geistige Sphäre hinaufgehoben wird, während das Unbewußte, Unterbewußte, die sich unter der Sphäre der Freiheit entfalten, immer tiefer mit dem Materiellen zusammenwächst.

[...]

Der Mensch muß also, um die Impulse der Freiheit darleben zu können, imstande sein, gewisse Naturwirkungen, die aus dem Kosmos herein die Wirkung auf sein Wesen nehmen, von diesem Wesen fernezuhalten. Diese Fernhaltung spielt sich im Unterbewußtsein dann ab, wenn im Bewußtsein die Kräfte walten, die eben das Leben des Ich in Freiheit darstellen. Für das menschliche innere Wahrnehmen ist das Bewußtsein des Wirkens in Freiheit da; für die geistigen Wesen, die aus andern Weltensphären mit dem Menschen in Verbindung stehen, ist das anders. Dem Wesen aus der Hierarchie der Angeloi, das mit der Fortführung des Menschenseins von Erdenleben zu Erdenleben zu tun hat, wird gegenüber dem menschlichen Handeln in Freiheit sofort dieses anschaulich: der Mensch stößt von sich kosmische Kräfte hinweg, die ihn weiterbilden wollen, die seiner Ich-Organisation die nötigen physischen Stützen geben wollen, wie sie sie ihr gegeben haben vor dem Michael-Zeitalter.

[19] Ebd., S. 108ff.

Michael erhält als Wesen aus der Hierarchie der Archangeloi seine Eindrücke mit Hilfe der Wesen aus der Angeloi-Hierarchie. Er widmet sich der Aufgabe, dem Menschen aus dem geistigen Teil des Kosmos auf die hier geschilderte Art Kräfte zuzuführen, die die aus dem Naturdasein unterdrückten ersetzen können.

Das erreicht er, indem er seine Wirksamkeit in den vollkommensten Einklang mit dem Mysterium von Golgatha bringt.

In der Wirksamkeit des Christus innerhalb der Erdenentwickelung liegen die Kräfte, die der Mensch im Wirken durch Freiheit zum Ausgleich unterdrückter Natur-Impulse braucht. – Nur muß der Mensch dann wirklich seine Seele in das innere Zusammenleben mit Christus bringen, von dem hier in diesen Mitteilungen über die Michael-Mission schon gesprochen ist.

Der Mensch weiß sich in einer Wirklichkeit, wenn er der physischen Sonne gegenübersteht und durch sie Wärme und Licht empfängt. So muß er der geistigen Sonne, Christus, die ihr Dasein mit dem Erdendasein vereint hat, gegenüber leben und von ihr in der Seele das lebendig empfangen, was in der geistigen Welt der Wärme und dem Licht entspricht.

Er wird sich von der ‚geistigen Wärme' durchdrungen fühlen, wenn er den ‚Christus in sich' erlebt. Er wird sich in dieser Durchdringung erfühlend sagen: diese Wärme löst dein menschliches Wesen aus Banden des Kosmos, in denen es nicht bleiben darf. Das göttlich-geistige Sein der Urzeit mußte dich zur Erringung der Freiheit in Regionen führen, in denen es nicht bei dir bleiben konnte, in denen es aber dir den Christus gegeben hat, daß seine Kräfte dir als freiem Menschen verleihen, was das göttlich-geistige Sein der Urzeit dir einstmals auf dem Naturwege gegeben hat, der damals zugleich der Geistesweg war. Zu dem Göttlichen, aus dem du stammest, führt dich diese Wärme wieder zurück.

Und in diesem Erfühlen wird im Menschen in inniger Seelenwärme zusammenwachsen das Erleben in und mit dem Christus und das Erleben echten und wahren Menschentums. ‚Christus gibt mir mein Menschenwesen', das wird als Grundgefühl die Seele durchwehen und durchwellen.

Und ist erst *dieses* Gefühl vorhanden, so kommt auch das andere, in dem der Mensch durch Christus sich hinausgehoben fühlt über das bloße Erdensein, indem er sich mit der Sternen-Umgebung der Erde eins fühlt und mit allem, was in dieser Sternen-Umgebung zu erkennen ist als Göttlich-Geistiges.

Und so mit dem geistigen Lichte. Der Mensch kann sich in seiner Menschenwesenheit voll erfühlen, indem er sich als freie Individualität gewahr wird. Aber eine Verfinsterung ist damit doch verbunden. Das Göttlich-Geistige der Urzeit leuchtet nicht mehr. Im Lichte, das der Christus dem Menschen-Ich bringt, ist das Urlicht wieder da. Es kann in solchem Zusammenleben mit dem Christus der beseligende Gedanke sonnenhaft die ganze Seele durchglänzen: Das uralt-herrliche göttliche Licht ist wieder da; es leuchtet, obwohl sein Leuchten kein naturhaftes ist. Und der Mensch vereinigt sich in der Gegenwart mit den geistigen kosmischen Leuchtekräften der Vergangenheit, in der er noch nicht eine freie Individualität war. Und er kann in diesem Lichte die Wege finden, die seine Menschenwesenheit recht führen, wenn er sich verständnisvoll in seiner Seele mit der Michael-Mission verbindet.

Dann wird der Mensch in der Geist-Wärme den Impuls fühlen, der ihn in seine kosmische Zukunft so hinüberträgt, daß er in dieser treu bleiben kann den Ur-Gaben seiner göttlich-geistigen Wesenheiten, trotzdem er sich in deren Welten zur freien Individualität entwickelt hat. Und er wird in dem Geistes-Lichte die Kraft empfinden, die ihn wahrnehmend mit immer höherem und weiterem Bewußtsein der Welt zuführt, in der er sich als freier Mensch mit den Göttern seines Ursprungs wiederfindet.

In dem ursprünglichen Sein verharren, die ursprüngliche naive, im Menschen waltende Götter-Güte beibehalten wollen und vor dem vollen Gebrauche der Freiheit zurückbeben, führt den Menschen in dieser Welt der Gegenwart, in der alles auf die Entwickelung seiner Freiheit veranlagt ist, doch zu Luzifer, der die gegenwärtige Welt verleugnet wissen will.

Sich dem gegenwärtigen Sein übergeben, die jetzt dem Intellekt erreichbare Welten-Natürlichkeit, die gegen Güte sich neutral verhält, allein walten lassen wollen und den Gebrauch der Freiheit nur im Intellekt erleben wollen, das führt den Menschen in dieser Welt der Gegenwart, in der die Entwickelung in tieferen Seelenregionen fortgesetzt werden muß, da in oberen Freiheit waltet, doch zu Ahriman, der die gegenwärtige Welt ganz in einen Kosmos des intellektuellen Wesens umgewandelt wissen will.

In solchen Regionen, in denen der Mensch den Blick nach der Außenwelt geistig auf Michael, den Blick nach dem Inneren der Seele geistig auf

Christus fallen fühlt, gedeiht jene Seelen- und Geistes-Sicherheit, durch die er denjenigen kosmischen Weg zu gehen vermögen wird, auf dem er ohne Verlust seines Ursprungs seine rechte Zukunfts-Vollendung finden wird.' (9. November 1924)

Ungenügend verstanden wird, dass die Verbindung mit der Mission Michaels und mit dem Mysterium von Golgatha eine wirkliche Umwandlung des Menschenwesens verlangt. Dass es nicht so ist, nicht so sein kann, dass wir genügend täten, wenn wir in dasjenige Denken, das wir von Natur aus haben, spirituellen *Inhalt* aufnehmen.
Diese Spiritualisierung des Denkens ist in unserer Zeit wirklich allgegenwärtig. Was unterlassen wird, ist die konkrete moralische Umwandlung des menschlichen Wesens, das in vollem Bewusstsein die Freiheit sucht und diese auch findet, das aber, um sich selbst in Verbindung mit den guten geistigen Mächten halten zu können, die Verbindung mit Michael und Christus suchen muss.
Diese Verbindung wird wiederum auch nicht gefunden, indem man sie nur denkt oder fühlt. Es ist eine konkrete Umwandlung des Menschenwesens notwendig, um wirklich zu dieser Verbindung mit Michael und Christus zu kommen.
Wir haben von unserem natürlichen Bewusstsein aus dazu nicht die Möglichkeit, weil sowohl Michael als auch Christus den Menschen völlig frei lassen und weil sie nicht bis in das Physische hinein wirken wollen. ‚Mein Reich ist nicht von dieser Welt...'
Wir müssen in eine andere innere Konstitution kommen, um jenes Reich zu erreichen, wo Christus herrscht – was zwar die Erde ist, aber nicht die physische Wirklichkeit, wie sie im Jetzt anwesend ist.

Das ist etwas Unvorstellbares: dass man sich von diesem physischen *Jetzt* aus zu einem Bewusstsein transformieren kann, in dem das Ur-Licht wieder aufleuchtet...

Ein zweites Zitat, nun aus dem Vortragswerk Rudolf Steiners, wirft ein klares Licht auf die Aufgabe:[20]

[20] Rudolf Steiner, Vorstufen zum Mysterium von Golgatha, GA 152, S. 110ff.

‚Wir sind jetzt so weit in der Menschheitsentwickelung, daß auch noch in einer anderen Form die ersten Worte des Johannes-Evangeliums ausgesprochen werden dürfen; daß sie ausgesprochen werden dürfen in der Form:

Im Urbeginne ist der Gedanke,
Und der Gedanke ist bei Gott,
Und ein Göttliches ist der Gedanke.
In ihm ist Leben,
Und das Leben soll werden das Licht meines Ich.
Und scheinen möge der göttliche Gedanke in mein Ich,
Daß die Finsternis meines Ich ergreife
Den göttlichen Gedanken.

Es wurde nicht ganz klar ausgesprochen, aber es wurde so gestrebt in der Menschheitsentwickelung.

Im 8. Jahrhundert der vorchristlichen Zeit begann die vierte nachatlantische Kultur. Etwa dreieinhalb Jahrhunderte danach war der Gedanke so weit reif, daß er in den griechischen Philosophen mit jener Klarheit ausgesprochen werden konnte, die dann zur platonischen Philosophie führte. Dann wurde das Leben der Menschen durchdrungen mit dem Christus-Impuls. Als das 15. nachchristliche Jahrhundert begann, da begann die fünfte nachatlantische Periode. Genauso lange, wie es dauerte vom Beginn der vierten nachatlantischen Periode bis zu einem Verständnis des Gedankens, so lange dauerte es vom Beginn der fünften nachatlantischen Periode bis zu einer bewußten Aussprache von der Natur des Gedankens, das heißt bis zu *Hegel.* Der menschliche Gedanke erlebte seinen Höhepunkt in Hegel mit dem Satze: Das Leben und Weben des Gedankens in der Wahrheit ist der wirkende Geist. – Das, was Hegel in so scheinbar ganz unverständlicher Weise sagt, man kann es aussprechen wirklich mit den Worten:

Im Urbeginne ist der Gedanke,
Und ein Unendliches ist der Gedanke,
Und das Leben des Gedankens ist das Licht des Ich.
Erfüllen möge der leuchtende Gedanke
Die Finsternis meines Ich,
Daß ihn die Finsternis meines Ich ergreife,

Den lebendigen Gedanken,
Und lebe und webe in seinem göttlichen Urbeginn.

So geht regelmäßig die Entwickelung der Menschheit. Noch nicht sehr weit ist die Menschheit gekommen, denn gerade Hegel wurde sehr viel verleumdet. Man kann wohl sagen: Und der leuchtende Gedanke schien zwar in die Finsternis, aber die Finsternis wollte nichts davon wissen. – Wenn man sein Leben begreifen lernt, das Leben des Gedankens, dann wird man verstehen, was der Menschheit obliegt in ihrem ferneren Dasein.

Aber zugleich haben wir, indem wir auf dem Boden der Geisteswissenschaft stehen, noch ein Weiteres. Spätere Epochen bereiten sich immer schon in den früheren Epochen vor. Und indem wir mittendrin stehen in der fünften nachatlantischen Periode, indem wir Geisteswissenschaft pflegen und immer mehr und mehr zum Verständnis des lebendigen Gedankens, des hellseherisch werdenden Denkens beizutragen haben, haben wir zugleich die sechste nachatlantische Periode vorzubereiten.

Wie in die Gedanken das Leben hereinströmt durch den Christus-Impuls, so wird er noch in etwas hereinströmen, was zur menschlichen Seelenfähigkeit gehört und was nicht verwechselt werden darf mit dem bloßen Gedanken. Aus dem Unbewußten heraus entwickelt das Kind seine Fähigkeiten. Indem es zum Ich-Bewußtsein kommt, tritt es in die Sphäre ein, wo es sich aneignen kann, wo es entwickeln muß dasjenige, was von außen hereinkommen kann durch den Christus-Impuls. Wir können, wenn das Kind gehen gelernt hat, wenn es sprechen gelernt hat, und wenn es beginnt mit dem Denkenlernen sich durchzuarbeiten zu dem Ich, wir können es allmählich schon sehen, wie der bewußte Christus-Impuls, der durch das Mysterium von Golgatha hereingekommen ist, auf das Kind wirkt. Die Menschheit kann heute in etwas anderes, was in ihrem Seelenvermögen liegt, den Christus-Impuls noch nicht hineinnehmen. Hineinzuleiten diesen Christus-Impuls in das aufrechte Gehen, in Sprechen und Denken, das ist durch dasjenige möglich, was seit Jahrtausenden für die Menschen da ist mit der Menschheitskultur. In ein viertes Element hineinzuleiten den Christus-Impuls, vorzubereiten dieses Hineinleiten in ein viertes menschliches Vermögen, daran müssen wir auch denken, wenn wir uns im rechten Sinn auf den Boden der Geisteswissenschaft stellen. Daran müssen wir auch denken! Wo hinein der Christus-Impuls noch nicht geleitet werden kann, wo hineingeleitet zu werden er sich aber vorbereitet, das ist die menschliche Erinnerung, das Erinnern des Menschen. Denn außer dem Aufrechtgehen und -stehen, dem Reden oder Sprechen, dem Denken, tritt jetzt die Christus-Kraft in das Erinnern ein. Wir können verstehen den Christus, wenn er durch die Evangelien zu uns spricht. Aber wir werden als Menschen erst dazu vorbereitet, daß der Christus auch eintritt in die Gedanken, die dann als erinnerte Gedanken und Vorstellungen in uns leben und sind und so weiter in uns leben. Und eine Zeit wird herankommen für die Menschheit, die allerdings erst vollständig werden wird in der sechsten größeren Periode der Menschheitsentwickelung, aber jetzt sich vorbereitet, wo die Menschen hinsehen werden auf das, was sie erlebt und erfahren haben und was als Erinnerung in ihnen lebt, und werden sehen können, daß in der Kraft des Erinnerns der Christus mit-lebt. Durch jede Vorstellung wird der Christus sprechen können. Und auch wenn wir unsere Vorstellungen in der Erinnerung wiederbeleben, so wird in der Erinnerung, in dem, was so eng, so intim mit uns verbunden ist wie unsere Erinnerung, der Christus mit verbunden sein.

Zurückblicken wird der Mensch können auf sein Leben und sagen wird er sich: So wie ich mich erinnere, so wie die Kraft des Gedächtnisses in mir lebt, so lebt in diesem Gedächtnis der hineingegossene Christus-Impuls. Der Weg, der den Menschen geboten wird, immer mehr und mehr wahr zu machen die Worte: Nicht ich, der Christus in mir, – der Weg wird dadurch geebnet, daß in die Erinnerungskraft allmählich der Christus-Impuls einziehen wird. Er ist jetzt noch nicht darinnen. Wenn er darinnen sein wird, wenn nicht nur im Verständnis des Menschen der Christus-Impuls lebt, sondern wenn der Christus-Impuls sich über den ganzen Saum, über den ganzen Streifen von Erinnerungen ausgießen wird, dann wird der Mensch zum Beispiel nicht nur angewiesen sein darauf, aus äußeren Dokumenten Geschichte zu lernen, denn dann wird sich seine Erinnerungskraft erweitern. Der Christus wird in dieser Erinnerung leben. Und der Mensch wird dadurch, daß der Christus in seine Erinnerungskraft eingezogen ist, dadurch, daß der Christus in der Erinnerungskraft lebt, der Mensch wird dadurch wissen, wie bis zum Mysterium von Golgatha hin der Christus außerirdisch gewirkt hat, wie er es vorbereitet hat und durchgegangen ist durch dieses Mysterium von Golgatha, und wie er als Impuls weiterwirkt in der Geschichte. So wahr und wirklich wird der Mensch das überschauen, wie jetzt im gewöhnlichen Leben die Erinnerung da ist. Man wird die irdische Entwickelung der Menschheit nicht anders überschauen können innerlich als so, daß man dann den Christus-Impuls im Mittelpunkt erblickt. Alle Erinnerungskraft wird durchsetzt und zugleich verstärkt werden durch das Eindringen des Christus-Impulses in die Gedächtniskraft, in die Erinnerungskraft. In der Zukunft kann für uns, die wir das Christentum lebendig erfassen sollen, auch das noch Geltung haben:

Im Urbeginne ist die Erinnerung,
Und die Erinnerung lebt weiter,
Und göttlich ist die Erinnerung.
Und die Erinnerung ist Leben,
Und dieses Leben ist das Ich des Menschen,
Das im Menschen selber strömt.
Nicht er allein, der Christus in ihm.
Wenn er sich an das göttliche Leben erinnert,
Ist in seiner Erinnerung der Christus,
Und als strahlendes Erinnerungsleben
Wird der Christus leuchten
In jede unmittelbar gegenwärtige Finsternis.

Wir werden sagen können: Der Christus ist in unserem inneren Seelenleben. Das wird mancher von uns empfinden dadurch, daß wir lernen, uns mit dem Christus-Impuls zu verbinden durch die Erinnerung, wie der Mensch als Kind gelernt hat sich aufzurichten, zu sprechen, indem er sich mit dem Christus-Impuls verbunden hat. Mancher von uns empfindet auch dadurch, daß wir unser Erinnerungsvermögen in dem Zustand, wie wir es jetzt haben, wie eine Vorbereitung betrachten, etwas, das in Unordnung kommen würde in Zukunft, wenn es nicht den Willen hätte, sich von dem Christus-Impuls durchdringen zu lassen. Würde es einen Materialismus auf der Erde geben, der den Christus ableugnet, dann würde die Erinnerung in Unordnung kommen. Dann würden immer mehr und mehr Menschen auftreten, deren Erinnerung chaotisch würde, die dumpfer und dumpfer sein würden in ihrem finsteren Ich-Bewußtsein, wenn nicht Erinnerung in dieses finstere Ich-Bewußtsein hereinleuchten würde. Unser Erinnerungsvermögen kann nur dann sich richtig entwickeln, wenn der Christus-Impuls richtig geschaut wird. Dann wird

Geschichte wie eine lebendige Erinnerung so leben, daß in die Erinnerung das Verständnis für die wahren Geschehnisse dringt. Dann wird die menschliche Erinnerung den Mittelpunkt des Weltgeschehens verstehen. Dann macht sich für den Menschen das Schauen geltend. Die gewöhnliche Erinnerung, die auf *ein* Leben sich nur richtet, die wird sich ausdehnen auf die vorhergehenden Inkarnationen. Erinnerung ist jetzt eine Vorbereitung, aber ausgestaltet wird sie durch den Christus. Ob wir nach außen blicken, wie wir uns als Kind heraufentwickelt haben noch unbewußt, ob wir dann nach innen blicken, ob wir durch weitergehende Vertiefung unseres Innern bis zu dem, was als unser Inneres in der Erinnerung bleibt, hineinblicken, überall sehen wir die lebendige Kraft und Wirksamkeit des Christus-Impulses.

In dem neuen Christus-Ereignis, das jetzt nicht physisch, aber ätherisch herankommt, das zusammenhängt mit der ersten Entfachung der Erinnerungsfähigkeit, mit der ersten Entfachung des Durchchristetwerdens der Erinnerung, wird dieses Christus-Ereignis so sein, daß der Christus als engelartiges Wesen an den Menschen herantreten wird. Darauf müssen wir uns vorbereiten. [...]
Gut ist es, wenn wir oft daran denken:

Im Urbeginne war die Kraft der Erinnerung.
Die Kraft der Erinnerung soll werden göttlich,
Und ein Göttliches soll werden die Kraft der Erinnerung.
Alles, was im Ich entsteht,
Soll werden so,
Daß es ein Entstandenes ist
Aus der durchchristlichten, durchgöttlichten Erinnerung.
In ihr soll sein das Leben,
Und in ihr soll sein das strahlende Licht,
Das aus dem sich erinnernden Denken
In die Finsternis der Gegenwart hereinstrahlt.
Und die Finsternis so, wie sie gegenwärtig ist,
Möge begreifen das Licht der göttlich gewordenen Erinnerung.'

Wenn man einen solchen Text aus der Geisteswissenschaft aufnimmt, dann bleiben es zunächst Worte; diese werden dann zu Gedanken, die auch Gefühle erwecken und vielleicht auch noch einen moralischen Wärme-Impuls zum Guten. Doch wenn man selbst eine bewusste Hellsichtigkeit im Denken und in der Erinnerung entwickeln will, muss man weiter gehen als bis dahin. Dann müssen solche Texte in einem die Sehnsucht aufrufen, dass dies wirklich ein Lebensgeschehen wird, dass man das, was da beschrieben steht, tatsächlich verwirklichen darf.

Dies kann eine tiefe Sehnsucht werden, wobei man jedoch nie ungeduldig werden darf. Ungeduld hängt mit Sehnsucht zusammen, doch in dem Suchen nach der Annäherung an jenes große ‚Nicht ich, sondern Christus in mir' ist Ungeduld eine vernichtende Kraft. Man muss eine Seelenhaltung zu finden suchen, bei der die Sehnsucht voll und ganz wirksam ist, aber ohne die mindeste Ungeduld. Auch Unfrieden und Unzufriedenheit wirken vernichtend auf den Fortschritt.

Was bedeutet es, wenn man sagt: das Verwirklichen dieses Textes?

Das Erste ist, dass man sich mit der Erkenntnis durchdringt, dass Rudolf Steiner sagt, Hegel hat die Natur des Gedankens bewusst ausgesprochen in dem Satz: Das Leben und Weben des Gedankens in der Wahrheit ist der wirkende Geist.

Das Zweite ist: Rudolf Steiner hat in seinen ‚Grundlinien...' die Wahrheit auf seine Weise charakterisiert. Die Stelle lautet wie folgt:[21]

> ‚Tritt irgendein einzelner Gedanke im Bewußtsein auf, so ruhe ich nicht eher, bis er mit meinem übrigen Denken in Einklang gebracht ist. Ein solcher Sonderbegriff, abseits von meiner übrigen geistigen Welt, ist mir ganz und gar unerträglich. Ich bin mir eben dessen bewußt, daß eine innerlich begründete Harmonie aller Gedanken besteht, daß die Gedankenwelt eine einheitliche ist. Deshalb ist uns jede solche Absonderung eine Unnatürlichkeit, eine Unwahrheit.
>
> Haben wir uns bis dahin durchgerungen, daß unsere ganze Gedankenwelt den Charakter einer vollkommenen, inneren Übereinstimmung trägt, dann wird uns durch sie jene Befriedigung, nach der unser Geist verlangt. Dann fühlen wir uns im Besitze der Wahrheit.'

[21] Grundlinien einer Erkenntnistheorie der Goetheschen Weltanschauung, GA 2, S. 57.

Das bedeutet nicht, dass man alle Erscheinungen der Welt und von sich selbst verstanden haben muss, bevor man sagen kann, dass man sich zu dieser Wahrheit durchgerungen hat. Es ist ein fortschreitender Prozess. Aber das Sich-im-Besitz-der-Wahrheit-Fühlen beruht auf dem Vermögen, neuen Begriffen in dem bereits bestehenden Ganzen der Begriffe den richtigen Platz zu geben. Das ist viel eher eine Physiologie der Begriffe, eine Lebenskunst der Begriffe, als eine tote Logik.

Man wird zum Beispiel bei dem Entwickeln eines solchen Wahrheitswebens entdecken, dass die Wahrheit sich niemals in *Einem* denken, aussprechen oder beschreiben lässt. Es verläuft immer in einem dialektischen Denkprozess, in dem man einen Begriff sehr scharf und klar denkt, in dem aber gerade durch dieses scharfe, klare Begriffsdenken gleichsam in dem Begriff selbst die Einseitigkeit sichtbar wird, die einen Gegensatz erfordert. Hegel nennt das die Negation. Je schärfer man einen Begriff denken kann, desto deutlicher wird dessen Einseitigkeit und entsteht gleichsam im Begriff selbst eine Wachstumskraft, die nach einem Denken des Gegenteils sucht, wodurch der ursprüngliche Begriff reicher wird.

Es ist das Ich, das in diesem Gang der Begriff das Tätige ist, und wenn man darin immer deutlicher zuhause ist, dann kann man allmählich sagen:

Im Urbeginne ist der Gedanke,
Und ein Unendliches ist der Gedanke,
Und das Leben des Gedankens ist das Licht des Ich.
Erfüllen möge der leuchtende Gedanke
Die Finsternis meines Ich,
Daß ihn die Finsternis meines Ich ergreife,
Den lebendigen Gedanken,
Und lebe und webe in seinem göttlichen Urbeginn.

Das ist etwas, was anhand des obenstehenden Textes von Rudolf Steiner eigene Erfahrung werden kann, und es ist an der Zeit, auf diese Weise das Wesen des Gedankens so zu durchdringen, dass es ein Wahrheitsweben wird.

Das Durchwärmt- und Durchlichtet-Werden der Erinnerung ist nach diesem Text etwas, was wir in unserer Zeit vorbereiten müssen.

So, wie Aristoteles Hegel vorbereitet hat, so kann man sagen, dass Rudolf Steiner dieses Durchchristlicht-Werden der Erinnerung bereits in seiner ‚Geheimwissenschaft', in seiner ‚Wissenschaft des heiligen Grals' zeigt, und dies wird in uns doch eine Sehnsucht wecken – ohne Ungeduld, ohne Unfrieden, ohne Unzufriedenheit, sondern mit einer inneren Arbeitsfreude –, sich bereit zu machen, dasjenige bis in die Erinnerung hinein zu empfangen, was Christus für den Menschen sein kann.

Während wir in unserer Zeit im Konzentrieren, Meditieren und in der reinen Wahrnehmung die Erinnerung gerade *außerhalb* unserer Denkaktivität halten müssen, müssen wir uns nun doch auch bereits in einem ‚Geist-Erinnern' üben.

Jener Satz von Hegel und die Auslegung Rudolf Steiners sind wie gesagt wirklich an der Zeit, obwohl die Menschheit daran vorbeizuleben scheint und das Denken an die Wahrnehmung mit den Sinnen gekettet bleiben lässt.

Was noch nicht an der Zeit ist, was aber sehr wohl schon jetzt von einer bestimmten Gruppe von Menschen, die sich selbst reif dafür erachten, vorbereitet werden muss, ist, das ‚Nicht ich, sondern Christus in mir...' bis in die Erinnerung hineinströmen zu lassen. Auch diesen Teil des Textes von Steiner will man verwirklichen, nicht nur lesen und ahnend begreifen, sondern wirklich versuchen, die kommende Zeit im eigenen Inneren auch vorzubereiten.

Dafür kann man Übungen mit dem Erinnern selbst machen. Dazu kommt eine gewisse Vorstellungskraft, die man braucht, um sich etwas, was noch nicht verwirklicht ist, doch bereits vorzustellen – was notwendig ist, wenn die Verwirklichung je zustande kommen soll. Darum hat ein Eingeweihter wie Rudolf Steiner auch solche Vorträge über die künftigen Fertigkeiten des Menschen gegeben.

Man kann also eine Erinnerung in sich selbst heraufholen und dann versuchen, dasjenige, was man aus der bis jetzt realisierten Denkschulung als ‚Nicht ich, sondern Christus in mir' schöpfen kann, da hineinströmen zu lassen. Wärme und Licht, die nicht in das Jetzt gehören, sondern die aus einer Vergangenheit kommen und auf eine Zukunft verweisen.

Man kann dafür die beiden Varianten von ‚Im Anfang war das Wort', umgeformt zu ‚Im Anfang war die Erinnerung', als Hilfe verwenden, so dass man Anweisungen hat, wie man die Christuskraft so mit dem Ich in Verbindung bringen kann, dass alles, was im Ich strömt, aus der durchchristlichten Erinnerungskraft hervorströmt. Wir müssen den Mut finden, solche inneren Prozesse, die noch nicht wirklich sind, durch unsere Vorstellungskraft zu einer vorstellbaren Wirklichkeit umzuformen, wonach es dann natürlich die Gnade sein wird, die dann auch als wirkliche Kraft in die Erinnerung hineinwärmt und hineinleuchtet.

Wenn man seinen Übungen dieses hinzufügt, beginnt man, deutlicher zu bemerken, wie die Kraft von Christus in einem Gebiet wohnt, das nicht bis in das Jetzt des physischen Daseins reicht. Das sind erschütternde Erlebnisse, die man im gewöhnlichen Dasein niemals haben könnte. Es sind Erlebnisse, die es einem zur sicheren Erfahrung werden lassen, dass man als Ich auch außerhalb des Jetzt Bestand hat, das heißt, dass man schon vor dem Erdendasein war und dass man danach noch immer sein wird.

In dieses ‚war' und ‚wird sein' tritt man hinein, wenn man die Übungen macht, die Christuskraft in das Denken hineinzubitten, aber noch viel stärker, indem man Ihn in die Erinnerung hineinbittet.

ZWEITER TEIL

DAS GUTE UND DAS SCHÖNE

DAS GUTE

Im ersten Teil haben wir uns mit dem rein geistigen Denken beschäftigt und versucht, dieses durch Übung so umzuformen, dass es die ursprüngliche Verwandtschaft mit dem Logos wiederfindet. Dies ist ein Übungsweg, von dem man nicht absehen kann, wenn man die moderne Einweihung sucht. In diesem Sinne ist es etwas, das ganz und gar auf sich selbst beruht und eine rein geistige Übung ist.

Im Verlauf der Betrachtung habe ich über Luzifer und über das, was in der kirchlichen Tradition die Erbsünde genannt wird, gesprochen. Daraus ging hervor, dass die menschliche Seele die Selbstliebe als Haupteigenschaft in sich aufgenommen hat und dass dadurch diese menschliche Seele in einen problematischen Zustand in Bezug auf die Entwicklung zum Geist hineingeraten ist.

Wäre dies nicht geschehen, dann hätte der Mensch sein Ich in einer rein geistigen Sphäre entwickelt und wäre mit dem Göttlichen verbunden geblieben. Durch das Bemühen Luzifers hat dasjenige stattgefunden, was der ‚Fall in die Materie' genannt wird. Aber was damit einhergeht, könnte man doch das Positive nennen, nämlich dass der Mensch dadurch eine selbstständige Position im Weltenall erwirbt, weil er sich mit dem Bewusstsein völlig aus der göttlichen Ordnung löst und sich ganz und gar auf sich selbst stellt, indem er, bildlich gesprochen, von dem Baum der Erkenntnis von Gut und Böse gegessen hat. Dadurch hat er das Bewusstsein des göttlichen Lebens verloren, hat aber die Möglichkeit bekommen, selbstständig zwischen dem Guten und dem Bösen unterscheiden zu lernen.

Zugleich hat damit der Prozess begonnen, den man ein Forttreiben von dem göttlichen Urbild nennen könnte. Der Blick in die geistige Welt ist immer mehr verdunkelt worden, der Mensch stellt sich auf eigene Beine. Doch die große Frage ist: Wie findet er aus eigener Entscheidung heraus den richtigen Weg?

Wenn man diesen Prozess erlebt, entdeckt man, dass in der menschlichen Seele, in einem Gebiet, das für das Alltagsbewusstsein nicht erreichbar ist, eine ganze Welt an Widerstand und widerstrebenden Kräften kämpft, um die Mitteposition, von der aus die menschliche Seele ihre Verbindung mit Christus aufrechterhalten könnte, unerreichbar zu machen. Ein Mensch kann nicht zu einer bewussten Annäherung an Christus kommen, wenn er nicht bereit ist, die menschliche Seele, und also auch die eigene Seele, kennenzulernen – wie sie der Schauplatz für den Kampf der Gegenmächte ist und sich gerade gegen dasjenige widersetzt, was das Ich erreichen will.

Das Ich ist anfangs auch Teil der Seele, und es fasst im rein Geistigen der Intelligenz den Willen, das Denken zu spiritualisieren. Doch ohne Mitwirkung der Seele geht dies nicht, und die Seele widersetzt sich, bei dem einen mehr, bei dem anderen weniger, je nachdem, wie sehr das Ich in früheren Inkarnationen bereits an der Läuterung der Seele gearbeitet hat.

Darum kann ich in einem Buch, das die Annäherung an den Logos beschreiben will, diese Problematik der Seele nicht umgehen. Die Frage ist dann immer: Wohin richtet man das Licht der Einsicht, an welche Stelle, auf welches Gebiet im Seelenleben, um auch da eine Entwicklung beginnen zu können.

Die Entwicklung des Denkens ist schwierig, aber diese Entwicklung wird ganz sicher an eine Grenze kommen, wenn die Seele nicht mit ihrer vollen Anlage bereit ist, diesen Denkprozess zu begleiten, zu unterstützen, zu beleben.

In dem Buch ‚Wie erlangt man Erkenntnisse der höheren Welten?'[22] wird systematisch beschrieben, welche moralischen Übungen ein Mensch machen muss, wenn er zu einer Hellsichtigkeit im modernen Sinne kommen will. Hier wird nicht unmittelbar von einer Entwicklung des Denkens ausgegangen, sondern es wird beschrieben, wie durch die Entwicklung bestimmter Eigenschaften im Wahrnehmen, Denken, Fühlen und Wollen die verschiedenen ‚Lotusblumen' so entwickelt und in Bewegung gebracht werden, dass Hellsichtigkeit entsteht. Die Schwierigkeiten auf dem Weg werden ebenfalls beschrieben. Das Buch ist in vielen Sprachen erhältlich, und es ist also nicht notwendig, diesen Übungsweg hier zu wiederholen. Es ist auch etwas

[22] Rudolf Steiner, Wie erlangt man Erkenntnisse der höheren Welten? GA 10.

wesentlich anderes, was ich hier vorbringen will.

In seinem ganzen Werk beschreibt Rudolf Steiner immer wieder den Weg der Erkenntnistheorie, wie er schon in seinen ersten philosophischen Werken beschrieben ist.[23] Das ist der Weg, der auf eine mehr meditative Weise im ersten Teil dieses Buches beschrieben ist; es ist der direkte Weg der Entwicklung des reinen Denkens. Doch damit hängt die moralische Entwicklung unmittelbar zusammen. Ohne moralische Entwicklung findet man das reine Denken nicht – aber ohne das reine Denken findet man die freie Moralität nicht.

Es sind also zwei Pfeiler, auf denen die neue Einweihung mittels des Denkens beruht. Diese zwei Pfeiler tragen einander gleichsam gegenseitig, das eine geht nicht ohne das andere, und es erhebt sich dann die Frage nach dem Urphänomen der Moralität, die wir hier stellen wollen und zu beantworten versuchen wollen, damit derjenige, der wirklich aufrichtig die moderne Einweihung in Christus sucht, daran auch wirklich einen Halt hat.

Das Bild des heiligen Grals muss gleichsam unser Begleiter sein. Wir haben gesehen, dass das menschliche Blut ein rein luziferischer Saft ist. Im Blut konzentriert sich die Wirksamkeit Luzifers, wodurch es materiell ist. Ausgehend von dieser Materialität ist der ganze Leib zu einem materiellen Organ gemacht worden.

Die drei Jahre, die Christus in einem menschlichen Leib gewohnt hat und das menschliche Blut mit seiner Göttlichkeit durchstrahlt hat, kommen im Bild des heiligen Grals zum Ausdruck.

Als Longinus die Lanze in die Seite des gestorbenen Christus bohrt, damit seine Beine nicht gebrochen zu werden brauchen, fließt das Blut aus der Wunde, und Joseph von Arimathia fängt dieses Blut in einer Schale auf. Dies ist das Urbild des heiligen Grals. Dieses Bild muss bei uns bleiben und uns während unserer Suche nach dem Urbild der Moralität begleiten. Das Blut im heiligen Gral ist von dem luziferischen Impuls befreit.

Wenn der Mensch sich bis zum Äußersten anstrengt, um seine Intel-

---

[23] Grundlinien einer Erkenntnistheorie der Goetheschen Weltanschauung (GA 2), Wahrheit und Wissenschaft, (GA 3), Die Philosophie der Freiheit (GA 4).

ligenz zu spiritualisieren, durchdringt diese Reinheit schließlich auch sein wirkliches Blut. Doch der Rebell im Blut lässt dies nicht ohne weiteres zu. Darum suchen wir das Urphänomen der Moralität. Man kann nicht einfach sagen: Moralität beruht auf Selbstlosigkeit, denn durch die Entwicklung des Denkens macht man das ‚Selbst' unsäglich stark, in Wärme, Kraft und Licht im Denken. Das Selbst würde eine solche Kraft niemals bekommen haben, wenn man nicht gerichtet die Entwicklung des Willens im Denken begonnen hätte. Zwar ist diese Selbstentwicklung etwas ganz anderes als das Entstehen von Selbstsucht, aber eine Befriedigung des Verlangens nach dem Selbst, was doch eigentlich die buchstäbliche Bedeutung von Selbstsucht ist, ist diese Verstärkung des Ich im Denken sehr wohl.

Letztendlich werden wir sehen, wie dieses Ich im Denken dazu kommt, sich völlig dem Christus in sich hinzugeben. Dafür aber ist nun gerade dieses Erkennenlernen des Fundamentes aller Moralität notwendig.

Man muss also das Prinzip des Egoismus außer Betracht lassen. Der luziferische Impuls hat diesen Egoismus gebracht, aber man geht als Mensch auf die richtige Weise damit um, wenn man gerade diesen Egoismus für die gute Entwicklung der Menschheit einsetzt. Nicht ein Unterdrücken dieses Egoismus kann das sein, denn dann würde man das Positive des luziferischen Impulses negieren. Wir müssen in einem anderen Sinne über Moralität denken lernen als in dem Sinne von Selbstsucht und Selbstlosigkeit.

Letztendlich wird die Hingabe an Christus die wahre Selbstlosigkeit sein, aber unter Erhalt der vollen Glorie der Individualität.

Wie finden wir Antworten auf die Frage: Was ist Moralität, worauf beruht das Gute?

Im ersten Teil haben wir *all* unseren Einsatz für das Wahre gegeben. Nun wollen wir dies durch eine Suche nach dem Guten ergänzen. Wie finde ich das Gute? Was ist gut?

DAS GUTE ALS TAT

‚Darum sollt ihr vollkommen sein, wie euer Vater im Himmel vollkommen ist.' (Matthäus 5,48)

‚Jesus aber sprach zu ihm: Was nennst du mich gut? Niemand ist gut als Gott allein.' (Lukas 18,19)

‚Allein das Streben nach dem Guten macht eigentlich das Gute aus, und man kann nicht das Gute wirklich anstreben, wenn man es nicht von sich wegrückt in ein Objektives hinein.' (Rudolf Steiner)[24]

Das Gute ist ein ganz anderes Prinzip im Menschen als das Wahre und das Schöne. Für Ärzte hat Rudolf Steiner eine Meditation gegeben, die den Titel hat: *Wie finde ich das Gute*? Daraus wird sehr deutlich, dass das Gute mit der *Tat* zu tun hat.

Meditation

Vorbereitung: Wie finde ich das Gute?

1. Kann ich das Gute denken?
Ich kann das Gute nicht denken.
Denken versorgt mein Ätherleib.
Mein Ätherleib wirkt in der Flüssigkeit meines Leibes.
Also in der Flüssigkeit des Leibes finde ich das Gute nicht.

2. Kann ich das Gute fühlen?
Ich kann das Gute zwar fühlen; aber es ist durch mich nicht da, wenn ich es nur fühle.
Fühlen versorgt mein astralischer Leib.

[24] Vorträge und Kurse über christlich-religiöses Wirken II, GA 343, S. 534.

Mein astralischer Leib wirkt in dem Luftförmigen meines Leibes.
Also in dem Luftförmigen des Leibes finde ich das durch mich existierende Gute nicht.

3. Kann ich das Gute wollen?
Ich kann das Gute wollen.
Wollen versorgt mein Ich.
Mein Ich wirkt in dem Wärmeäther meines Leibes.
Also in der Wärme kann ich das Gute physisch verwirklichen.

Ich fühle meine Menschheit in meiner Wärme.

1. Ich fühle Licht in meiner Wärme.
(Achtgeben, daß diese Lichtempfindung auftritt in der Gegend, wo das physische Herz ist)

2. Ich fühle tönend die Weltsubstanz in meiner Wärme.
(Achtgeben, daß die eigentümliche Ton-Empfindung vom Unterleib nach dem Kopfe, aber mit Ausbreitung im ganzen Leibe geht.)

3. Ich fühle in meinem Kopfe sich regend das Weltenleben in meiner Wärme.
(Achtgeben, dass die eigentümliche Lebensempfindung vom Kopfe nach dem ganzen Körper sich verbreitet).'[25]

Das Gute ist nicht zu denken. Natürlich kann man *darüber* denken, aber damit entsteht das Gute nicht. Das Gute ist wohl unmittelbar zu fühlen, aber dies hat dann mit dem Fühlen des Guten im Anderen zu tun. Gute Taten des Anderen kann man fühlen, man kann auch meditativ versuchen, Bilder des Guten zu formen und dies dann zu fühlen. Doch dadurch ist es durch einen selbst noch nicht verwirklicht.
Dies ist erst der Fall, wenn man das Gute tut. Das hat mit *Willen* zu tun. Das Gute muss man wollen, und dann diesen Willen nicht nur

[25] Meditative Betrachtungen und Anleitungen zur Vertiefung der Heilkunst GA 316, S. 239, an Helene von Grunelius für die Ärzte, Herbst 1923.

innerlich haben, sondern er muss auch wirklich bis in Taten auf dem physischen Plan reichen.

In der Zeit, in der die Philosophie ihren Anfang nahm, in der griechischen Zeit, hat zum Beispiel Platon einige Dialoge geschrieben, in denen Sokrates über die Tugend spricht. Die Tugend ist das Gute. Und als Platon Sokrates mit Anderen über den idealen Staat sprechen lässt,[26] entfaltet dieser seine berühmte Sicht auf die vier menschlichen Haupttugenden: die Weisheit, die Tapferkeit, die Besonnenheit und die Gerechtigkeit.

Sein Schüler Aristoteles gibt in seiner ‚Ethica Nicomachea' ebenfalls eine ausführliche Beschreibung der Tugend. Wenn man sich in die Nuancierungen des Guten vertiefen will, dann sind diese zwei Meisterwerke der philosophischen Literatur die geeignete Quelle. Ich will mich hier dem Guten von einem neuen Standpunkt aus nähern.

Auch Christus spricht über das Gute, und er tut dies in zwei einander entgegengesetzten Aussprüchen.

‚Darum sollt ihr vollkommen sein, wie euer Vater im Himmel vollkommen ist.' (Matthäus 5,48)

‚Jesus aber sprach zu ihm: Was nennst du mich gut? Niemand ist gut als Gott allein.' (Lukas 18,19)

Hieraus geht sehr deutlich hervor, dass das höchste Streben des Menschen das Streben nach dem Guten ist, dass es aber auf der anderen Seite eine Illusion ist, zu meinen, dass man als Mensch wirklich gut sein könnte. In meinen Romanen sagt Johannes: ‚Menschliche Vollkommenheit existiert nicht, nur das Streben danach kann vollkommen sein.'

Damit ist eigentlich gesagt, worum es geht.

---

[26] Platon, Politeia.

DIE GRUNDKRAFT IN DER MENSCHLICHEN SEELE

Wir haben eine bestimmte Grundkraft in unserer Seele, die, wenn sie zu einem bewussten Gefühl wird, zu dem Streben nach dem Guten führt.

Dies ist ein außerordentlich kompliziertes Kapitel in unseren Beschreibungen der Annäherung an Christus. Wir wollen dies vom bewussten Denken aus zustande bringen, aber die wirkliche, volle Vereinigung mit Christus kann erst stattfinden, wenn auch der menschliche Wille sich dazu bewusst bereit macht. Gerade das ist das Streben nach dem Guten.

Über Meditation und über den Weg zu Christus, über Christus in der ätherischen Welt zu sprechen und dann nicht nach Vollkommenheit zu streben, führt dazu, dass man ein moderner Schriftgelehrter wird.

Das Streben nach dem guten Willen müsste der Kern des Willens sein, zu meditieren, das reine Denken zu entwickeln und im Denken den Weg zum Logos zu gehen. Dieser Weg kann nicht gegangen werden, wenn er nicht von einem wachsenden Impuls zur Selbsterziehung in Richtung des Guten getragen wird.

Durch den Eingriff von Luzifer hat der Mensch ja – wie es in der Bibel geschrieben steht – von dem Baum der Erkenntnis von Gut und Böse gegessen. Doch dadurch hat er auch die Möglichkeit zum *Unterscheiden* des Guten und des Bösen. Durch diesen Eingriff Luzifers ist das Böse in den bewussten Bereich des Menschen hineingekommen. Auf der anderen Seite ist er durch diesen Eingriff unbewusst in einen Zustand geraten, in dem er eine bestimmte Schuld trägt, die ihm jedoch nicht persönlich angerechnet werden kann. Das macht dieses Kapitel so schwierig, denn die tragende Kraft in dem Willen zum Guten ist die *Schuld*, das Wissen von der Schuld und das dazugehörende Gefühl der Scham.

Aber so, wie alles im Egoismus gelandet ist, gerade durch den Eingriff Luzifers, sind auch die Einsichten in die Urschuld der Menschheit im Egoismus gelandet, und der Mensch hat seine Scham und Reue nicht objektiv, sondern weil er seine Fehler als eine *Minderung seines hohen egoistischen Selbstbildes* erlebt. Reue über eine schlechte Tat hat vor allem mit der Einsicht in die eigene Unvollkommenheit und dem Nicht-Ertragen dessen zu tun. Scham ist das Verbergenwollen der Unvollkommenheit. So wird der Mensch buchstäblich zu einer Scheingestalt, die sich besser zeigt, als sie es wirklich ist, und die, wenn dies einmal misslingt, die Herabsetzung des Selbstbildes nicht erträgt. Da dürfen wir die Grundkraft zum Guten also nicht suchen.

Es gibt aber auch ein Bewusstsein von einer allumfassenden Schuld, einer allumfassenden Reue, einer allumfassenden Scham. Dieses Allumfassende bringt die Gefühle auf eine objektive Ebene.

Der ursprüngliche Mensch des Paradieses, Adam Kadmon, war mit zehn grundlegenden Eigenschaften begabt: Fundament, Glorie und Schein, Schönheit (Gerechtigkeit), Gnade und Liebe, Intelligenz, Weisheit und der Krone. Diese neun waren umhüllt von dem Reich, der zehnten Eigenschaft.

Durch den Eingriff Luzifers ist die Göttlichkeit dieses allumfassenden Menschen zu der auf sich selbst gestellten Persönlichkeit geworden, die wir Mensch nennen. Das Zusammenleben mit dem Göttlichen hat sich allmählich aus dem menschlichen Bewusstsein zurückgezogen. Obwohl es in gewisser Hinsicht – wenn man es zu erleben versucht – zu einem großen Gefühl von Glück führt, diese entwickelte Selbstständigkeit, die zur Freiheit führen kann, ist auf der anderen Seite eine große Bitterkeit damit verbunden.

Man muss sich in die Vorstellung einleben, dass dieser ursprüngliche Mensch das *Leben* hatte, dass der Lebensbaum gleichsam sein Rückgrat war, und dass diese Materialisation, mit der die Notwendigkeit des Sterbens zusammenhängt, nicht existierte. Doch gerade diese Materialisation macht es für den Menschen möglich, sich in sich ganz einsam nur auf sich gestellt zu fühlen, wodurch allein die Freiheit möglich ist.

Während des theosophischen Kongresses in München 1907 war der

Raum mit Bildern aus der Apokalypse dekoriert. Diese waren von Rudolf Steiner entworfen und von Künstlern ausgeführt.

Auf einem der nach Steiners Entwurf gemalten Bilder, dem vierten Siegel, ist das Bild aus dem zehnten Kapitel der Apokalypse abgebildet:

Der Engel und das Buch.

‚Und ich sah einen andern starken Engel vom Himmel herabkommen, mit einer Wolke bekleidet, und der Regenbogen auf seinem Haupt und sein Antlitz wie die Sonne und seine Füße wie Feuersäulen. Und er hatte in seiner Hand ein Büchlein, das war aufgetan. Und er setzte seinen rechten Fuß auf das Meer und den linken auf die Erde, und er schrie mit großer Stimme, wie ein Löwe brüllt. Und als er schrie, erhoben die sieben Donner ihre Stimme. Und als die sieben Donner geredet hatten, wollte ich es aufschreiben. Da hörte ich eine Stimme vom Himmel zu mir sagen: Versiegle, was die sieben Donner geredet haben, und schreib es nicht auf! Und der Engel, den ich stehen sah auf dem Meer und auf der Erde, hob seine rechte Hand auf zum Himmel und schwor bei dem, der da lebt von Ewigkeit zu Ewigkeit, der den Himmel geschaffen hat und was darin ist und die Erde und was darin ist und das Meer und was darin ist: Es soll hinfort keine Zeit mehr sein, sondern in den Tagen, wenn der siebente Engel seine Stimme erheben und seine Posaune blasen wird, dann ist vollendet das Geheimnis Gottes, wie er es verkündigt hat seinen Knechten, den Propheten.

Und die Stimme, die ich vom Himmel gehört hatte, redete abermals mit mir und sprach: Geh hin, nimm das offene Büchlein aus der Hand des Engels, der auf dem Meer und auf der Erde steht!

Und ich ging hin zu dem Engel und sprach zu ihm: Gib mir das Büchlein! Und er sprach zu mir: Nimm und verschling's! Und es wird dir bitter im Magen sein, aber in deinem Mund wird's süß sein wie Honig. Und ich nahm das Büchlein aus der Hand des Engels und verschlang's. Und es war süß in meinem Mund wie Honig, und als ich's gegessen hatte, war es mir bitter im Magen. Und mir wurde gesagt: Du musst abermals weissagen von Völkern und Nationen und Sprachen und vielen Königen.' [27]

---

[27] Offenbarung 10, 1-11.

Nach Rudolf Steiner verweist dieses Bild auf die vierte Phase in der großen Entwicklung der Menschheit. Die drei vorausgehenden Phasen waren Saturn, Sonne und Mond. Die vierte ist die Erde. Das ist die Phase, in der wir uns jetzt befinden und in der dieser Schritt zur menschlichen Freiheit gesetzt wird, der dann mit der Entwicklung der freien Liebe zusammenhängt.

In dem Bild wird ein Engel geschildert, der mit den Beinen als Säulen auf der Erde steht, wobei das eine Bein gleichsam aus dem Meer, das andere aus dem Erdreich emporragt.

Nach Steiner kann man diese zwei Säulen so sehen, dass man das eine Bein als das rote sauerstoffreiche Blut und das andere Bein als das sogenannte kohlensäurereiche Blut ansieht. Das rote Blut ist dann das Symbol für das Leben, das blaue Blut für die Erkenntnis, die mit dem Tod zusammenhängt. Diese beiden ‚Bäume', die des Lebens und der Erkenntnis, sind die zwei Säulen, auf denen das Leben und die Erkenntnis des Ich auf Erden zu einer gewissen Vollkommenheit entwickelt werden muss, so dass der Mensch wieder die Einheit mit der Erde und dem Kosmos erwirbt, die auch der ursprüngliche Mensch Adam Kadmon hatte. Dann wird gleichsam der Leib aus Wolken bestehen und das Gesicht aus der Sonne, und der Mensch wird das Wissen aufgegessen haben... Es wird im Mund süß und im Bauch bitter schmecken.

Diese Bitterkeit ist dasjenige, was uns die treibende Kraft zur Vervollkommnung gibt. Das heißt, es ist die treibende Kraft, die uns dazu anregt, gut werden zu wollen. Gut *sein* ist nicht möglich, gut *werden* sehr wohl. Die treibende Kraft liegt sozusagen in zwei verschiedenen Qualitäten in diesen zwei Säulen, die gleichsam die Gliedmaßen des Engels sind und die im Menschen als das rote und das blaue Blut wirksam sind. Zwei Beine haben wir, ein Lebensbein und ein Bein des Todes, der Erkenntnis; ein Bein der Glorie *(Adam Kadmon)* und ein Bein des Scheins *(Adam Kadmon)*. Mit diesen beiden Beinen steht der Mensch auf der Erde und im Wasser, das heißt, im Physischen und im Ätherischen. In beiden Gliedern lebt diese Grundemotion, die mit dem zusammenhängt, was die Erbsünde genannt wird.

Das vierte apokalyptische Siegel, gemalt von Clara Rettich nach den Anweisungen Rudolf Steiners, Stuttgart 1911. (creative commons)

Es ist gleichsam der melancholische Teil im Menschsein. Es gibt auch freudevolle Grundgefühle, Grundstimmungen, aber diese melancholische Stimmung, die den Charakter des ganzen Menschen, des ganzen Menschseins mitbestimmt, ist jene Stimmung, die so sehr ausgesprochen gerade mit dem Erdendasein, auch mit der Erdenschwere, zusammenhängt.

Es gibt für diese Grundstimmung noch kein Wort. Man kann versuchen, diese Stimmung mit bekannten Worten zu umschreiben, aber jedes Wort besitzt eine bestimmte Gewohnheitsbildung, wodurch es bestimmte Bedeutungen aufruft, die doch nicht völlig dasjenige andeuten, was hier gemeint ist. Das Wort, das dem noch am nächsten kommt, ist das Wort *Reue*. Aber Reue hängt für das menschliche Erleben unmittelbar mit dem Bedauern einer verkehrten Tat zusammen. Das ist also ein Gefühl, das nach dem Begehen eines Fehlers auftritt und dadurch stark auf dasjenige gerichtet ist, was schon geschehen ist.

Doch wenn man die Qualität dieses Gefühls von jeglichem persönlichen Fehler befreien könnte, dann würde man die Empfindung haben, dass es demjenigen entspricht, was im Menschen dadurch ‚zirkuliert', dass es eine Erbsünde, eine Urschuld gibt, die nicht persönlich zugerechnet werden kann, sondern die durch jede einzelne Persönlichkeit ‚gebüßt' werden muss.

Es ist ein außerordentlich schwieriger Begriff, aber es ist eine Grundstimmung, die jedes menschliche Wesen begleitet, die in Depressionen einen subjektiven Charakter annimmt und die wir in ihrer objektiven Bedeutung erkennen lernen müssten.

Im reinen Denken hatten wir ein Denken gefunden, das ganz und gar frei von aller persönlichen Bedeutung geworden ist. Dies muss uns auch für unser Gefühlsleben gelingen. Da ist es viel schwieriger, denn das Denken hat bei jedem Menschen teilweise einen objektiven Charakter; das Gefühlsleben ist jedoch von Natur aus nahezu gänzlich subjektiv. Gefühle also in sich zu erwecken, die ihre Bekanntheit zwar den subjektiven Gefühlen entlehnen, von diesen aber dennoch ganz und gar befreit sind, das ist die zweite Aufgabe, vor die wir uns gestellt sehen.

Weil diese Gefühle, die objektiv melancholisch sind, vermieden werden wollen, übertönen wir sie mit ganz anderen Gefühlen.

In einem Vortrag hat Rudolf Steiner eines jener überwältigenden Gefühle beschrieben, die bis in die menschliche physische Gestalt hinein sichtbar sind:

‚Können wir denn an der menschlichen Gestalt etwas erleben, was uns über alles Erdenbewußtsein hinausführt? Ja, wir können etwas in der menschlichen Gestalt erleben dadurch, daß wir zunächst unser menschliches Antlitz ansehen und bemerken, daß dieses menschliche Antlitz einen ganz besonderen Eindruck macht. Man muß allerdings, wenn man so als okkultistischer Aspirant zu dieser entsprechenden Empfindung kommen will, nicht vernarrt und verliebt sein in die gewöhnliche Vorstellung, die man einmal hat; sonst wird man immer dem menschlichen Antlitz so entgegentreten, daß man zu der Empfindung, die zu entwickeln ist, nicht kommen kann. Man wird zu den tiefstmöglichen Empfindungen kommen müssen, die in uns aufzutreiben sind, denn wir kommen dem menschlichen Antlitz gegenüber zu einer besonders merkwürdigen Empfindung, nämlich zu der Empfindung: Dieses menschliche Antlitz ist nicht so, wie es sein sollte. Und man wird dem menschlichen Antlitz und allem, was dazugehört, überhaupt dem oberen Teil des Menschen, ansehen lernen, daß es verändert worden ist durch dasjenige im menschlichen Seelenleben, was man nennen kann Hochmut, Stolz und Überhebung.

Sehen Sie, das ist der Anfang des Überspringens des gewöhnlichen Bewußtseins, daß der Mensch bis zu dieser ursprünglichen Empfindung vordringt, daß er sagt: Du, menschliches Antlitz, du, menschlicher Kopf, du, menschlicher Oberleib, du lügst mich an; du hast dir durch deinen Stolz und deine Überhebung eine Form gegeben, die du nicht haben solltest. Wenn ich dich sehe, dich menschlichen Oberleib, so sehe ich durch dein Scheinbild durch, und wenn ich alles betrachte, was durch die vielen Inkarnationen hindurch dem Menschen aufgeprägt worden ist an Hochmut und Überhebung, so zeigt sich mir etwas ganz anderes. – Da kommen wir durch dasjenige, was die menschliche Gestalt in ihrer oberen Hälfte ist, zu der Empfindung, daß der Mensch seine ursprüngliche Gestalt verändert hat durch Hochmut und durch Überhebung.'[28]

Wenn wir in diesen Gefühlen von unbewusstem Stolz gefangen bleiben, werden wir, auch wenn wir unser Denken inzwischen von diesem Stolz befreit haben, dennoch nicht mit der wirklichen Erscheinung von Christus in Berührung kommen können, weil dieser Stolz gleichsam die Gebärde ist, mit der man Christus von sich fortstößt, wenn Er sich einem nähern will.

Es ist Luzifer in uns, der diese Gebärde macht, und es ist eine wichtige Aufgabe in der Selbsterkenntnis und der Selbstvervollkommnung, *unter* dem Stolz das eigentliche, objektive Gefühl der Reue kennenzulernen.

Nochmals, dies ist *nicht* das gewöhnliche Bedauern nach einem Fehler. Nur die Qualität des Gefühls ist ähnlich, wenn auch nicht dieselbe. Aber der Ursprung und die Bedeutung dessen ist fast entgegengesetzt, wirkt auch entgegengesetzt. Denn wenn dieses Gefühl bewusst wird, hat dies eine weitreichende Bedeutung. Man sieht, wie *weit* sich die Menschheit, man selbst inbegriffen, von dem ursprünglichen göttlichen Menschheitsideal entfernt hat. Man erlebt, dass alles, was im eigenen Dasein unglücklich ist, widerstrebt, schwierig verläuft, umgeformte Kraft der Reue ist. Es ist gleichsam die Kraft des Kamaloka, die Kraft, die einen nach dem Tod zu einer Läuterung der Seele führt, so dass diese in die wirkliche geistige Welt aufgenommen werden kann. In der Läuterung der Seele liegen formende, werdende Kräfte, die das eigene zukünftige Schicksal so gestalten, dass es in einem nächsten Erdenleben zu jener Vervollkommnung beiträgt, nach der man sich sehnt.

Nach dem Tod ist dies gleichsam eine seligmachende Kraft, weil man dann ganz und gar erfüllt ist von dem Willen zur Vervollkommnung. Auf Erden wird diese seligmachende Kraft verdunkelt und kommt als Wille zur Selbsterziehung ganz allmählich zum Vorschein, wenn man einen Entwicklungsweg beginnt.

So lernt man, alles, was das Schicksal einem als Rückschlag bringt, nicht nur hinzunehmen, sondern auch wirklich durch und durch zu wünschen, weil man darin diese seligmachende Kraft der Läuterung

---

[28] Der Mensch im Lichte von Okkultismus, Theosophie und Philosophie GA 137, fünfter Vortrag, 7.6.1912.

erlebt. Das ist die Kraft, die ich hier meine und die ich dann nur mit dem Wort ,Reue' charakterisieren kann.

Diese Kraft wirkt nicht nur in der eigenen Vervollkommnung. Es ist eine Gefühlskraft, die den Mangel, die Unzulänglichkeit, das Unvollkommene im Allgemeinen als etwas Unerträgliches erlebt, und daraus entspringt gerade der Quell der Liebe.

Wenn die Gefühlskraft der Reue sich bewusst zu manifestieren beginnt, wenn der melancholische Charakter des Menschen als Gefühl objektiv erlebt werden kann, dann wird dieses gleichsam ein Sinnesorgan für die Not in der Welt.

Das Gegenteil des Ärgers entsteht. Der Ärger ist ein Gefühl, das bei dem Gewahrwerden der Unvollkommenheit um einen herum auftritt, und heimlich lebt darin die Illusion der eigenen Vollkommenheit. Dieses neue, bewusst gewordene, objektive Gefühl von Reue nimmt ebenfalls das Unvollkommene, das Unvollständige in der eigenen Umgebung und in der Welt wahr, aber es wird zu tiefem Schmerz und Mitleid, wodurch der Wille entflammt, in demselben Maße, in dem man an der eigenen Vervollkommnung arbeitet, auch in dieser Welt um einen herum zu schenken, was man hat.

Es geht nicht um Almosen – obwohl dies in bestimmten Fällen natürlich auch bedeutsam sein kann –, es ist die viel schwierigere Arbeit des Erspürens der Not der Menschheit und das in der richtigen Weise Hereinbringen des Christus-Impulses, dem man immer näher kommt...

,Reue ist die Absicht, durch eine genaue Erkenntnis der Unvollkommenheiten dazu zu kommen, diese Unvollkommenheiten abzulegen.' [29]

[29] Rudolf Steiner, Priesterkurse II, GA 343, S. 534.

TRAUER

Es gibt noch ein anderes Wort, das diesem bestimmten Gefühl nahekommt; es ist das Wort ‚Trauer', ‚Traurigkeit', ein Wort, das sowohl für Trauer wie auch für Betrübtheit verwendet wird. Damit einher geht eine Nuance in dieser Betrübtheit, die mit ‚Reue' zu tun hat.

Es sind Gefühle, die in der modernen Zeit nicht ‚passen', wo alles auf den Genuss und die Freude gerichtet ist, was natürlich auch eine sehr wichtige Schlagader des Daseins ist. Dies ist jedoch das andere Bein der Zirkulation, das arterielle Bein. Jenes Bein, das mit der Erkenntnis von Gut und Böse zusammenhängt, das venöse Bein, hat den Tod gebracht, und dieser hängt nun einmal unmittelbar mit den Gefühlen von Trauer und Reue zusammen.

Um mehr Zugang zu solchen Gefühlen zu finden, können wir uns in die Geschichte von Orpheus und Eurydike vertiefen. Eurydike stirbt, weil sie von einer Schlange gebissen wird, und Orpheus, der die Kunst versteht, alles in der Natur und im Kosmos mit seinem Leierspiel zu verherrlichen, sucht Eurydike in der Unterwelt und versteht es, dort sogar den Gott der Unterwelt so zu besänftigen, dass er ihm gestattet, Eurydike aus der Unterwelt wieder zum Leben zu führen. Eines jedoch darf er nicht, und das ist, sich nach ihr umzusehen, während er sie fortführt.

Das bringt er nicht zustande, und so muss er seine Geliebte schließlich doch in der Unterwelt zurücklassen, wo sie dann auf den Moment wartet, wo auch er durch den Tod in dieser Unterwelt ankommen wird.

Diese Geschichte ist von Ovid beschrieben worden und ist natürlich auch als griechische Sage bekannt. Sie ist das Thema verschiedener Opern, etwa von Haydn, Gluck und Offenbach.

Die Stimmung, die mit dieser Geschichte zusammenhängt, ist genau diejenige von Trauer über etwas, was durch eigene Unvollkommenheit definitiv verloren gegangen ist. Von Rudolf Steiner wissen wir, dass wir Eurydike als die drei Kindheitskräfte deuten können, jene unglaublich tief einwirkenden Kräfte, durch die das Kind sich aufrichtet, zu laufen, zu sprechen und zu denken beginnt. Das Kind tut dies ohne Wissen, und der Mensch, die Erwachsenen um das Kind herum, haben von diesen Kräften ebensowenig ein Wissen. Die alte Menschheit besaß noch das Wissen hierüber. In der Zeit des Orpheus, der griechischen Kulturepoche, ging dieses Wissen für den Menschen verloren, und dies wird in der Geschichte von Orpheus und Eurydike erzählt. Orpheus hätte diese Kräfte doch wiederum zur Erde zurückbringen können, wenn er den Glauben und das Vertrauen gehabt hätte, dass sie, Eurydike, wirklich hinter ihm die geistige Welt verlassen durfte. Er vermag dies nicht und sieht sich zu früh um – und damit ist diese Gabe in dem Wissen auf Erden verloren gegangen, und man findet sie erst nach dem Tod wieder.

Die Gefühle, die damit einhergehen, sind das, was ich hier nenne: Reue, Trauer, Betrübtheit, Gewissensbisse.

Es ist nicht möglich, allein mit Freude in die Nähe von Christus zu kommen. Über die Freude werde ich später noch sprechen. Die Basis der Annäherung liegt jedoch in der Betrübtheit.

Am Anfang der Neuzeit gab es dafür noch eine vage Erinnerung, was unter anderem in der Kantate Nr. 32 von Johann Sebastian Bach zum Ausdruck kommt, wo eine Sopranstimme zu Christus fleht, wie sie als Seele, als Geist, zu ihm kommen könne. Ihr antwortet die Bassstimme von Christus: Mich findet nur ein betrübter Geist.

Es ist natürlich die Überwindung aller Oberflächlichkeit, wenn man es wirklich vermag, sich in einer solchen Weise in sein Gefühl zu vertiefen, dass man bis in den Schmerz der Erbsünde hinabreicht. Man kann sich das nicht groß und stark und tief genug vorstellen. Christus selbst nahm schließlich diesen Schmerz so in sich auf, dass er dadurch dazu bewogen wurde, sich bis in einen menschlichen Leib hinein zusammenzuziehen.

Die Menschenseele ist natürlich nicht zu derart intensiven Gefühlen imstande, doch wir können wohl danach streben, indem wir in der Meditation diese Gefühle zunächst vorstellen und dann durch eine immer weitergehende Vertiefung darin so verweilen, dass sie immer wirklicher in der eigenen Seele leben.

In der Zeit, als die katholische Kirche noch eine gewisse Wahrhaftigkeit bei den Heiligsprechungen hatte, lebten Mystiker, Priester, Nonnen und Laien, die derart von diesem Gefühl durchdrungen waren, dass sie gleichsam stellvertretend für die ganze Menschheit solche Gefühle in sich pflegten. Diese kamen mit einer Art Naturgewalt in ihnen auf, und sie lebten mystisch damit.

Ein großartiges Beispiel ist der Pfarrer von Ars, der als junger Mann in keiner Weise begabt genug war, eine Priesterausbildung durchmachen zu können, der mit Hilfe seiner Vorgesetzten aber dennoch hindurchgelotst wurde und schließlich Pfarrer in Ars wurde, wo er Büßer aus der ganzen Welt angezogen hat.

Von ihm ist bekannt, dass er fast nichts anderes tat, als zu *weinen*. Nicht aufgrund eigenen Kummers, sondern aus stellvertretender Trauer über die klägliche Unvollkommenheit des Menschen.

Wenn man es vermag, solche Gefühle in sich zu wecken – im Keim leben sie in jeder Seele –, dann beginnt man, zu erleben, dass dasjenige, was selbstlose, uneigennützige Liebe genannt wird, aus diesen Gefühlen hervorwächst und -blüht. Liebe will schließlich immer Not lindern, Mangel füllen, im Unglück trösten.

So ist das Gefühl der Trauer, der Schuld, die Quelle, aus der auch das wahre Mitleid aufsteigt. Wenn einem dann bewusst wird, dass diese Trauer, nun aber natürlich befreit von aller Schuld und Reue, die inkarnierte Kraft von Christus ist, die Kraft, mit der er drei Jahre in einem Menschenleib gewohnt hat und schließlich Leiden und Tod durchgestanden hat, bis zur Auferstehung, dann begreift man, dass es nicht möglich ist, in Seine Nähe zu kommen, wenn man nicht zuerst bereit ist, solche Gefühle in sich stark zu machen.

So, wie Angelus Silesius, der Mystiker, sagte:

‚Das Kreuz von Golgatha kann dich nicht von dem Bösen,
Wo es nicht auch in dir wird aufgericht't, erlösen.'

so gilt dies für jeden Menschen, der Christus finden will, nicht nur als lebendigen Begriff, sondern als *seiende* Wirklichkeit, an dessen Brust man Trost finden kann, und Mut zur Liebe.

Johann Sebastian Bach, Kantate 32, ‚Liebster Jesu, mein Verlangen.'[30]

Dialogus: Seele (Sopran), Jesus (Bass)

1. Arie (Sopran)
Liebster Jesu, mein Verlangen,
Sage mir, wo find ich dich?
Soll ich dich so bald verlieren
Und nicht ferner bei mir spüren?
Ach! mein Hort, erfreue mich,
Laß dich höchst vergnügt umfangen.

2. Recitativ (Bass)
Was ists, dass du mich gesuchet? Weißt du nicht, dass ich sein muss in dem, das meines Vaters ist?

3. Arie (Bass)
Hier, in meines Vaters Stätte,
Findt mich ein betrübter Geist.
Da kannst du mich sicher finden
Und dein Herz mit mir verbinden,
Weil dies meine Wohnung heißt.

4. Recitativ
Sopran
Ach! heiliger und großer Gott,
So will ich mir
Denn hier bei dir
Beständig Trost und Hilfe suchen.
Bass
Wirst du den Erdentand verfluchen
Und nur in diese Wohnung gehn,
So kannst du hier und dort bestehn.

[30] Dirigent Nicolaus Harnoncourt, auf Youtube zu finden.

Sopran
Wie lieblich ist doch deine Wohnung,
Herr, starker Zebaoth;
Mein Geist verlangt
Nach dem, was nur in deinem Hofe prangt.
Mein Leib und Seele freuet sich
In dem lebendgen Gott:
Ach! Jesu, meine Brust liebt dich nur ewiglich.
Bass
So kannst du glücklich sein,
Wenn Herz und Geist
Aus Liebe gegen mich entzündet heißt.
Sopran
Ach! dieses Wort, das itzo schon
Mein Herz aus Babels Grenzen reißt,
Fass' ich mir andachtsvoll in meiner Seele ein.

5. Arie (Duett)
Sopran und Bass
Nun verschwinden alle Plagen,
Nun verschwindet Ach und Schmerz.
Sopran
Nun will ich nicht von dir lassen,
Bass
Und ich dich auch stets umfassen.
Sopran
Nun vergnüget sich mein Herz
Bass
Und kann voller Freude sagen:
beide
Nun verschwinden alle Plagen,
Nun verschwindet Ach und Schmerz!

6. Choral
Mein Gott, öffne mir die Pforten
Solcher Gnad und Gütigkeit,

Laß mich allzeit allerorten
Schmecken deine Süßigkeit!
Liebe mich und treib mich an,
Dass ich dich, so gut ich kann,
Wiederum umfang und liebe
Und ja nun nicht mehr betrübe.

DRITTER TEIL

CHRISTUS IN DER ÄTHERISCHEN WELT

CHRISTUS IN DER ÄTHERISCHEN WELT

In der Zeit, als Krishnamurti durch die Leitung der Theosophischen Gesellschaft als der wiedergeborene Christus verkündet wurde, begann Rudolf Steiner über die wirkliche Wiedergeburt von Christus zu sprechen, eine Wiedergeburt, die sich nicht auf dem physischen Plan abspielen würde, sondern die sich in der darüber gelegenen, tiefsten Ebene der geistigen Welt manifestieren würde: der ätherischen Welt.[31]

So, wie Christus am Beginn unserer Zeitrechnung einen menschlichen Leib brauchte, um sich auf Erden zu manifestieren, so manifestiert er sich seit seiner Wiedergeburt in der ätherischen Welt in der Hülle eines Engels. Steiner hat dies in den Vorträgen über die Christus-Erscheinung in der ätherischen Welt beschrieben. In vielen Vorträgen dieser Zeit um 1910 beschreibt Steiner, dass dieses Geschehen der Erscheinung des Christus in der ätherischen Welt im Jahr 1933 beginnen wird, einem der schwersten Jahre des 20. Jahrhunderts, wie sich später erwies. Immer wieder weist Rudolf Steiner darauf hin, wie wichtig es ist, dass es Menschen gibt, die wissen, dass dieses Geschehen *da ist;* und die auch imstande sind, die Manifestationen dieses Geschehnisses in der richtigen Weise zu *verstehen*. Man kann sich vorstellen, dass man als Mensch im 21. Jahrhundert eine Erscheinung des Christus in der ätherischen Welt hat, ohne dies als solche zu bemerken.

Das ist eine Katastrophe.

Wenn wir uns in die Annäherung an Christus vertiefen, dann vertiefen wir uns in Wirklichkeit in die Annäherung an Christus in der ätherischen Welt. Weil es so wichtig ist, dass wir die Manifestation von Christus im Ätherischen durch und durch verstehen, so dass wir, wenn wir diese haben, auch *wissen*, dass wir sie haben, wird ein Teil dieses Buches ausschließlich dieser Frage gewidmet sein.

---

[31] Das Ereignis der Christus-Erscheinung in der ätherischen Welt, GA 118, 1910.

Wir müssen uns dann zunächst auf die Erscheinungen unserer Zeit besinnen, die diese Manifestationen überdecken.

Wir leben in einer Welt mit unbeschreiblich viel Lärm. Wenn man in den Niederlanden die Stille aufsucht; wenn man sich in ein Gebiet begibt, das Dutzende Kilometer von einer Autostraße entfernt ist, hört man trotzdem noch immer ein Hintergrundgeräusch. Vielleicht gibt es in den Niederlanden irgendwo eine Stelle, wo dies nicht so ist, ich bin natürlich nicht an allen Stellen gewesen, doch wo ich auch hinkomme, gibt es doch immer ein solches Hintergrundgeräusch.

In der Schweiz haben wir solche Plätze durchaus noch gefunden; Plätze, wo die Stille vollkommen zu sein scheint und wo die Geräusche, die es gibt, ausschließlich natürliche Geräusche sind.

Wenn man einmal für kurze Zeit darinnen ist, dann erinnert man sich, wie es einmal gewesen ist, und man fühlt die enorme Unruhe, die die moderne Zeit uns beschert. Ich spreche dabei noch immer nur von Geräuschen. Dies ist etwas, was von vielen Menschen auch als ein Bedürfnis erlebt wird. Sie können eigentlich nicht mehr leben, wenn sie nicht im Hintergrund Musik oder die Radiostimme oder den Fernseher hören. Es muss immer etwas um sie herum tönen. Daneben gibt es natürlich noch das echte ‚Kultivieren' des Geräuschs, wie es zum Beispiel auf Popfestivals der Fall ist, wo die Intensität Grenzen überschreitet.

Durch diese Geräuschbelästigung, in der wir leben, wird unser inneres Leben ganz übertönt. Es dürfte deutlich sein, dass man in der Musik, die aus einem Lautsprecher kommt, oder im Hintergrundgeräusch einer nahen Straße keine Wahrnehmung von Christus im Ätherischen haben kann, weil man sich auf keinerlei Weise für die ätherische Welt öffnen kann.

Aber auch die Augen werden schwer belastet. Sie stehen nur noch zu einem sehr geringen Teil zur Verfügung, um die formenden Kräfte in der Natur wahrzunehmen; sie sind vor allem auf Buchstaben, Worte, Logos, Bilder auf Google, Fotos und so weiter gerichtet. Das ist eine Überanstrengung für unsere Augen. Ich schließe nicht aus, dass man im Ansehen von Bildern auf dem Computerbildschirm oder von Fotos auf seinem iPhone die Verschiedenheit ätherischer Formkräfte wahrnehmen könnte, aber dafür muss man sehr weit geschult sein. Von Natur aus geht das nicht, von Natur aus bekommt man gerade solche Bilder angeboten, die von aller lebendigen ätherischen Wirkung völlig frei sind.

Wenn wir an unseren Wortsinn denken, unser Vermögen, Klänge zu Worten zu formen, sie zu verstehen, dann wird auch dieser Sinn durch allen möglichen ‚Abfall' belästigt. Alles, was man unterwegs liest, was man als Werbetext aufnimmt, was man an Streitgesprächen führt, was man im Erzählen von Witzen verschwendet – das alles ist Überanstrengung für den Wortsinn, der eigentlich mit dem ätherisch schöpferischen *Wort* verwandt ist.

So kann man alle zwölf Sinne betrachten und entdecken, wie sehr die moderne Welt die Eindrücke unserer Sinne profanisiert. Man muss schon bewusst auf die Suche nach einer Erhebung der Sinnesinhalte gehen, sonst verkümmern sie in der platten, fahlen Blässe der modernen Welt.

Ein Aufruf wie jener von *Novalis* ist nötig, um in dieser platten Fahlheit doch noch dasjenige zu finden, was das Ätherische berühren kann. Man müsste eine Gewohnheit daraus machen, während sagen wir zunächst einer Viertelstunde pro Tag die ‚Grundregel' des Romantisierens von Novalis zu üben, so dass man wiederfindet, was ursprünglich das Verhältnis des Menschen zu seiner Umgebung gewesen ist. Diese Grundregel lautet wie folgt:

Indem ich dem Gemeinen einen hohen Sinn,
dem Gewöhnlichen ein geheimnisvolles Ansehn,
dem Bekannten die Würde des Unbekannten,
dem Endlichen einen unendlichen Schein gebe,
so romantisiere ich es.[32]

In meinem Buch *‚Der Heilige Gral'* schreibe ich dann:

---

[32] Novalis, Dialoge 1798.

‚Die Gefühlskraft, die der Seele Flügel verleiht, um sich so über die Schwere des Erdendaseins zu erheben, ist die *Sehnsucht*. Das ist keine Sehnsucht, die durch Begierde getrieben wird; keine Erotik oder Sexualität; kein Verlangen, etwas zu bedeuten. Es ist Sehnsucht nach dem, was den Tod übersteigt, Sehnsucht nach der Auferstehung. Es ist die tiefste Sehnsucht nach Christus.'

In Verbindung mit dem vorigen Teil dieses Buches, das sich auf das Gefühl bezog, könnte man sagen: Diese ‚Sehnsucht' ist die Sehnsucht, die Menschheit aus der Trauer, aus der Reue zu erlösen. Es ist die Sehnsucht nach der Auferstehung, und diese Auferstehung wird sichtbar in Christus in der ätherischen Welt.

Wenn man alte Einweihungsschriften liest, wie zum Beispiel den Dialog ‚Timaios' von Plato oder im Mittelalter die drei Bücher über die okkulte Philosophie von Agrippa von Nettesheim, oder Texte von Paracelsus, der in der Natur das Examen machen wollte, um zu finden, was für den Menschen ein Heilmittel sein kann –, wenn man solche Texte liest, dann erlebt man, wie weit sich der moderne Mensch davon weg-entwickelt hat. Man muss das positiv sehen, aber zugleich erlebt man beim Lesen solcher Texte die Wehmut nach einer vergangenen Welt, in der der Mensch noch imstande war, die *Wirksamkeit* zwischen den Dingen zu erleben. Nicht nur den Dingen im irdischen Sinne, den Mineralien, den Pflanzen, den Tieren, dem Menschen, sondern auch die Beziehungen zwischen diesen irdischen Dingen und den Elementen, die Beziehung zwischen diesen irdischen Dingen, den Elementen und den himmlischen Intelligenzen – den Planeten – und schließlich als allerhöchste die Beziehungen zwischen den irdischen Dingen, den Elementen, den himmlischen Intelligenzen und der Welt des göttlichen Urbildes oder der göttlichen Uridee.

Für einen esoterisch unentwickelten Menschen sind Beschreibungen solcher Beziehungen im besten Fall veraltete magische Vorstellungen, im schlimmsten Fall der allergrößte Unsinn.

Wenn man als Mensch des 21. Jahrhunderts seine Schritte in die Nähe von Christus richtet, dann ist die erste schmerzliche Erfahrung *der Verlust der Wahrnehmung all dieser Beziehungen.*

In der Anthroposophie finden wir diese Beziehungen auf neue Weise wieder, so beschrieben, dass die menschliche Freiheit dabei völlig geschützt ist. Es ist so geschrieben und so gesagt, dass die lebendigen Beziehungen, die beschrieben werden, nur lebendig werden, wenn der Leser in sich selbst Schritte setzt, um das Feuer zu entzünden. Tut er dies nicht, dann bleibt es totes Holz. Das Merkmal der modernen spirituellen Literatur ist, dass man durch das Lesen und Kenntnisnehmen allein noch nichts von Wirksamkeit zwischen den Dingen wiedergefunden hat. Man hat nur die Vorstellungen davon wiedergefunden.

Wer die Annäherung an Christus sucht, müsste in aller Ehrlichkeit erkennen lernen, dass die lebendige Wirksamkeit in einem selbst und in der Natur um einen herum nicht mehr erfahren werden kann, außer in einem entwickelten reinen Kraftdenken, das von dem Gefühl der allertiefsten Trauer getragen wird, die schließlich zu Auferstehungsjubel werden kann, wobei dann gleichsam jubelnd die Dinge der Erde sich wieder als lebendige Wesen zu manifestieren beginnen, die Beziehungen zueinander haben, Beziehungen zu den Elementen, zu den himmlischen Intelligenzen und zu den wunderbaren Urbildern.

In jedem Moment, in dem etwas von diesen heiligen Beziehungen zwischen den Dingen, den Elementen, den Planeten, den Fixsternen und dem göttlichen Himmel der Urbilder lebt, erklingt es: ‚Über Sternen muss Er wohnen!'[33] Jeder Moment, der ein Erleben dieser Wirksamkeit bringt, ist eine in einem Sekundenbruchteil verlaufende Wahrnehmung von Christus in der ätherischen Welt.

Denn allein Er trägt die reale *Wirksamkeit* und kann das menschliche Bewusstsein damit befruchten.

In den Worten Rudolf Steiners:[34]

‚Und was ist denn seit dem 16. Jahrhundert geschehen? Seit dem 16. Jahr-

---

[33] ‚Ode an die Freude' von Friedrich Schiller.

[34] Das Prinzip der spirituellen Ökonomie, GA 109, S. 35f.

hundert ist immer mehr und mehr das Ich selber zur Geltung gekommen, damit auch der menschliche Egoismus und damit der Materialismus. Man hat verlernt und vergessen, was das Ich alles an Inhalt aufgenommen hat: man mußte sich daher beschränken auf das, was das Ich beobachten kann, was das Instrument der Sinnlichkeit dem gewöhnlichen Verstande geben kann, und nur das konnte es in die innerliche Wohnstätte nehmen. Eine Kultur der Egoität ist die Kultur seit dem 16. Jahrhundert. Was muß nun in dieses Ich hineinkommen? Die christliche Entwickelung hat durchgemacht eine Entwickelung in dem äußeren physischen Leib, eine Entwickelung im Ätherleib, eine solche im astralischen Leib, und bis zum Ich ist sie hinaufgedrungen. Jetzt muß sie in dieses Ich aufnehmen die Mysterien und Geheimnisse des Christentums selber. Jetzt muß es möglich sein, das Ich zum Christus-empfänglichen Organ zu machen, nachdem eine Weile das Ich das Denken gelernt hat durch das Christentum und die Gedanken angewendet hat auf die Außenwelt. Jetzt muß dieses Ich wiederum die Weisheit finden, welche die Urweisheit des großen Avatars, des Christus selber ist. Und wodurch muß das geschehen? Durch die geisteswissenschaftliche Vertiefung des Christentums. Sorgsam vorbereitet durch die drei Stufen der physischen, der ätherischen und der astralischen Entwickelung, würde es jetzt darauf ankommen, daß im Innern das Organ sich dem Menschen erschließe, um nunmehr in seine geistige Umwelt zu schauen mit jenem Auge, das ihm der Christus öffnen kann. Als die größte Avatarwesenheit ist der Christus auf die Erde herabgestiegen. Stellen wir uns auf diese Perspektive ein: versuchen wir so die Welt anzuschauen, wie wir die Welt anschauen können, wenn wir den Christus in uns aufgenommen haben. Dann finden wir unseren ganzen Weltenwerdegang durchglüht und durchflutet von der Christus-Wesenheit.'

Weil ich hier über eine bewusste, selbst gesuchte Annäherung an Christus schreibe, lasse ich die Möglichkeit einer spontanen Christus-Erscheinung außer Betracht. Rudolf Steiner hat auch darüber manches gesagt, was vor allem in dem Vortragsband über dieses Thema zu finden ist (GA 118). In denselben Vorträgen sagt er auch, dass das Schauen des Christus in der ätherischen Welt in Wirklichkeit der immer weitergehenden Höherentwicklung des Erkenntnisvermögens entspricht:

‚Auf diese Fähigkeiten wurde im vorigen Vortrage hingedeutet als auf den Einblick in das Land Schamballa, damit der Mensch die Bedeutung und das Wesen des Christus erkennen könne, dessen Wiedererscheinen nichts anderes ist als ein Hinaufwachsen des Menschen in seiner Erkenntnis.‘ [35]

Dieses Erkenntnisvermögen ist in unserer Zeit nicht mehr in erster Linie eine Wissenschaft der Außenwelt, sondern muss zu einer Wissenschaft des Menschlichen selbst umgewandelt werden.

Dieses Prinzip kehrt nach der Weihnachtstagung in den Klassenstunden wieder, und Rudolf Steiner gibt dann ab einem bestimmten Moment den Aufruf ‚O Mensch, erkenne dich selbst!‘ in der Form eines Spruches:[36]

O Mensch erkenne dich selbst
So tönt das Weltenwort.
Du hörst es seelenkräftig,
Du fühlst es geistgewaltig.

Wer spricht so weltenmächtig?
Wer spricht so herzinniglich?

Wirkt es durch des Raumes Weitenstrahlung
In deines Sinnes Seinserleben?
Tönt es durch der Zeiten Wellenweben
In deines Lebens Werdestrom?

Bist du es selbst, der sich
Im Raumesfühlen, im Zeiterleben
Das Wort erschafft, dich fremd
Erfühlend in Raumes Seelenleere,
Weil du des Denkens Kraft
Verlierst im Zeitvernichtungsstrome.

---

[35] Das Ereignis der Christus-Erscheinung in der ätherischen Welt, GA 118, S. 149.
[36] Aus den Inhalten der esoterischen Stunden, GA 266c, S. 502.

Für unser Thema sind vor allem die letzten zwei Zeilen wichtig: Es ist der Verlust an Bewusstsein der *Wirkungen* zwischen den Dingen, den Elementen, den Planeten, den Fixsternen und der Welt, die noch darüber hinausgeht. Der Verlust der Wirkung führt einerseits dazu, dass wir freie Menschen geworden sind, die nicht durch das göttliche Vorbild in der Anschauung geleitet werden. Doch andererseits ist es mit diesem wirkungslosen Bewusstsein nicht möglich, zu einem Schauen von Christus im Ätherischen zu kommen. In diesen zwei letzten Zeilen wird dies angedeutet: Der Raum ist seelenleer, weil man die Kraft des Denkens im Zeitvernichtungsstrom verliert.

Es ist eine Formel, die da gegeben wird, eine Geheimsprache, die man eigentlich erst wirklich verstehen lernt, indem man sehr lange damit umgeht und allmählich erleben lernt, was diese Worte uns eigentlich sagen wollen.

Heute, neunzig Jahre später, ist es wirklich nicht so, dass der Charakter einer Geheimsprache nicht entschlüsselt werden dürfte. Derjenige, der in der eigenen Erfahrung dazu gekommen ist, das, was in diesen Worten eingeschlossen ist, zu einer Wirklichkeit werden zu lassen, kann dem Mitmenschen den Schlüssel zu dieser Bedeutung reichen.

Für das gewöhnliche Bewusstsein ist der Raum seelenleer. Selbst wenn wir einem Mitmenschen gegenüberstehen, ist es nicht unmittelbar deutlich, dass dieser Mitmensch eine Seele mit sich trägt. Wir sehen die Seele nicht, hören sie nicht, und nur ein zartbesaitetes Gemüt nimmt die feineren Wirkungen der Seele des Anderen wahr. Man weiß, dass die Seele da ist, aber im Raum wird die Seele nicht erlebt.

Wenn man sich vorstellt, dass man einem wilden Tier begegnen würde, dann würde die Wahrnehmung der Seele unmittelbar entstehen können, denn sie spricht sich in der Angst aus, durch die man wahrscheinlich dann überwältigt wird. Es ist die Wahrnehmung der Wildheit der Seele des Tieres, die die Angst hervorbringt. Steht man dagegen am Gitter des Käfigs desselben Tieres im Zoo, wird man mit der unmittelbaren Wahrnehmung der Seele des Tieres viel mehr Mühe haben. Die Aufmerksamkeit wird vom Äußeren, von der

Bewegung, der Haltung, dem Verhalten angezogen. Daraus kann man die Seele *ableiten*, aber die unmittelbare Wahrnehmung im Raum hat man nicht.

Die niederen Reiche der Natur zeigen ihre Seele überhaupt nicht, weil sie ihre Seele nicht unmittelbar im Raum bei sich haben. Der Mensch muss schon ein imaginatives Vermögen entwickelt haben, wodurch man aus der Gestalt und der Gebärde einer Pflanze und vor allem auch aus der Blüte die Ahnung von etwas ‚Seelenhaftem', einer Stimmung, eines Temperamentes, bekommen kann.

Wenn man die Metalle anschaut, braucht man ebenfalls ein entwickeltes Wissen und eine ebensolche Wahrnehmung der Seelentypen, die zu den Metallen gehören. Das ist nicht etwas, was sich von selbst offenbart. Sobald man ein Wissen davon erworben hat, kann man natürlich eine bestimmte Sicherheit entwickeln. Man sieht auch an dem Gebrauch von Metallen, dass die Beschreibungen der Seelentypen stimmen. Wenn man zum Beispiel an den Gebrauch des *Bleis* denkt, das eigentlich immer da angewandt wird, wo Abschirmung nötig ist – man denke zum Beispiel an den Bleischurz beim Röntgen –, kann man darin eine Art Seele des Bleis erleben, das Blei als Seele. So findet man Menschen, deren Seele eine Verwandtschaft mit dem Blei hat: alles abschirmen wollen und alles Fremde ausschließen wollen. Das ist das Hauptmerkmal des Bleis, das bekanntlich das schwerste der Metalle ist. Bleischwer fühlt eine solche Seele...

Aber all diese Wirkungen nehmen wir nicht anhand der direkten Anschauung der Dinge und Wesen auf Erden wahr, und in diesem Sinne ist der Raum seelenleer. In Wirklichkeit wird der Raum nur von *einer* Seele wahrnehmbar erfüllt, und das ist die eigene Seele. Diese ist tatsächlich im Raum anwesend, mit einer überwältigenden Stärke – und hier liegt dann auch der Ansatzpunkt für die Entwicklung. Wir können lernen, da anzusetzen, wo sehr wohl Wirkung ist.

Warum erleben wir den Raum als seelenleer, sobald wir nicht aufmerksam für die eigene Seele sind? Weil wir die Kraft des Denkens in dem Vernichtungsstrom der Zeit verlieren.

Der Intellekt ist dieser Vernichtungsstrom. Im Intellekt sind die Weltgedanken zu (oft trivialen) Menschengedanken geworden, indem das Ich die Gedanken aufnimmt und das Gehirn diese spiegelt. Die gespiegelten, verflachten Gedanken haben keinen Realitätswert; obwohl sie *wahr* sein können, sind sie Schein. So, wie ein Spiegelbild sehr wohl eine wahrhaftige Spiegelung ist, aber nicht die Sache selbst, sind auch die gespiegelten Gedanken Schein und nicht das Wesen der Dinge selbst.

Das Denken in Abspiegelungen wird durch die Gesetzmäßigkeiten der Logik und der Grammatik geführt, das ist der Intellekt. Für diesen Intellekt existiert keine Zeit. Wenn man darauf achtet, bemerkt man natürlich, dass das Gedankenleben in der Zeit verläuft. Das Wissen an sich liegt nicht in einem lebendigen Zeitstrom verborgen, sondern ist daraus abgespiegelt, es hat keine Kraft. Die Kraft des Denkens ist gerade im Vernichtungsstrom der Zeit verloren gegangen.

Wie finden wir die Kraft des Denkens wieder? Das ist es, was ich im ersten Teil zu beschreiben versuchte, und ich will dies nun im Lichte von ‚Christus in der ätherischen Welt' noch auf eine andere Weise tun.

Der Raum ist seelenleer, und das Denken hat die Kraft verloren. Aber der Raum kann voller Seele sein, wenn diese Seele das Vermögen entwickelt, die eigene Seele als ein lebendiges Instrument einzusetzen. Das tun wir im gewöhnlichen Leben auch, aber von Natur aus ist die Art des Menschen nun einmal so, dass die Neigung besteht, alles mit subjektivem Erleben zu durchtränken. Es war gerade das Ziel der Naturwissenschaft, das wissenschaftliche Denken ganz und gar von dem subjektiven Erleben zu befreien.

Nun entdecken wir, dass dieses freie intellektuelle, naturwissenschaftliche Denken den Raum von seinen Beziehungen entleert hat, das heißt, diese Beziehungen sind unerlebbar geworden. Man könnte diese Beziehungen als eine Form von Erinnerung vielleicht wiederfinden, indem man ausschließlich *erlebend* im Dasein steht. Man kann sich vorstellen, dass ein Mann wie Krishnamurti einen solchen Weg ging, einen Weg, bei dem aller Widerspruch zwischen dem Wahrnehmenden und dem Wahrgenommenen weggefallen ist; ausgehend von dem Bewusstsein, dass der Widerspruch aus dem Denken aufsteigt, musste dieses Denken gleichsam vergessen werden.

Es ist interessant, dass gerade der Mann, der als Junge zur Reinkarnation von Christus auserkoren wurde, dies, als er älter wurde – nach dem

Tod seines Bruders –, völlig von sich geworfen hat und dann einen Weg angab, der doch einige Verwandtschaft mit dem Weg zu dem Erleben von Christus in der ätherischen Welt hat. Was jedoch fehlt, ist der Ausgangspunkt der modernen Naturwissenschaft – und dies ist gerade der Ausgangspunkt in der Anthroposophie. Das bedeutet nicht, dass der Anthroposophie die Naturwissenschaft zugrunde liegt, sondern dass es die naturwissenschaftliche Exaktheit des Denkens ist, die als Seeleneigenschaft in der spirituellen Entwicklung mitgenommen wird.

Wenn wir dann bedenken, dass wir mit unserem Raumesbewusstsein in die Gehirn-Spiegelung dessen versetzt sind, was das Ich mit dem Denken erfasst, dass gerade das der vernichtende Strom der Zeit ist, wodurch das Denken die Kraft verliert, dann liegt es auf der Hand, einen Weg zu suchen, auf dem dieses Ich nicht mehr das Gehirn braucht, um ein Bewusstsein des Denkens zu haben, sondern auf dem das Ich in sich selbst seiner bewusst werden kann. Das ist genau der Weg, den Rudolf Steiner im obenstehenden Zitat aus GA 109 angibt: der Weg, den der Mensch nach dem 16. Jahrhundert gehen kann und der dann seit 1933 zu einer Wahrnehmung von Christus in der ätherischen Welt führen kann.

Alle *Wirksamkeit*, die im Bewusstsein wiedergewonnen wird, ist Er. Ohne Wirksamkeit im Denken ist Er nicht.

In dem Moment, wo die *Wirksamkeit* im Denken als Kraft zurückkehrt, ist Er.

Das scheint ein theoretischer Gedankengang zu sein, doch der Mensch, der im Ich erwacht und darin das reine Denken, das Wille geworden ist, Kraft geworden ist, findet, weiß zugleich, dass dies Christus ist. Dafür braucht man kein Buch, denn es ist eine Erfahrung, und diese Erfahrung ist nicht von derselben Art wie Erfahrungen im gewöhnlichen Leben. Da muss jede Erfahrung mit Denken durchdacht werden, so dass man verstehen kann, was man erlebt. In dieser höheren Form des Denkens im Ich *ist der Begriff Erfahrung*, und es liegt dann natürlich auf der Hand, dass dieser Begriff nicht noch ein weiteres Mal begriffen zu werden braucht.

Wie kann es dann sein, dass Rudolf Steiner davor warnt, es könne geschehen, dass die Erscheinung von Christus in der ätherischen Welt unbemerkt bliebe oder falsch beurteilt würde? Das sollte nicht möglich sein, wenn die Erfahrung an sich zugleich auch das Wissen ist.

Dies hängt mit der Tatsache zusammen, dass auch spontane Gewahrwerdungen und Wahrnehmungen von Christus im Ätherischen auftreten können. Dabei kann es sein – weil es eine Gewahrwerdung ist, die nicht im reinen Denken zustande kommt, sondern zum Beispiel durch das Miterleben einer Katastrophe oder eines Leidens erweckt wird –, dass doch darüber gedacht werden muss und die Gewahrwerdung verkehrt interpretiert wird.

Geht der Mensch jedoch einen bewussten Denkweg zu Christus in der ätherischen Welt, dann ist der Gedanke, dass man sich darin irren könnte, absurd – ebenso absurd wie der Gedanke, dass man sich in dem Erkennen des eigenen Ich irren könnte.

Für denjenigen, der diese Entwicklung gehen will, der sich mit ganzem Herzen danach sehnt, kommt natürlich die Frage auf: Wie forme ich mein Ich so um, dass dieses zum heiligen Gral werden kann? Dass ich Christus in mir empfangen kann, wobei ‚mir' dann als der vierte Fall von ‚ich' angesehen werden muss, also nicht ‚mir' im allgemeinen, wie ich mich gewöhnlich erlebe, sondern ‚mir' im Sinne einer Beugung des Ich.[37]

Nicht ich, sondern Christus in mir. ‚Mir' ist noch nicht genug, wenn das Ich das Denken so zur Entwicklung gebracht hat, dass in dieses Denken, in die Denkaktivität *Kraft* hineinströmt; zwar ist es ein gewaltiger Schritt, wenn dies geschieht, aber es ist deutlich, dass diese Kraft trotzdem noch immer aus *meinem* Willen hervorfließt.

Wenn dieses Denken sich genau an das Denken einer Schrift hält, die einen Aufbau hat, der sich an die organische Form hält, dann ist es selbstverständlich, dass diese Kraft auch geformt ist. In diesem Sinne ist das selbstständige Denkenlernen in den organischen Denkformen eines Buches wie ‚Die Philosophie der Freiheit' – und auch meinem Buch ‚Suche das Licht...' ist diese organische Denkstruktur eigen, also

[37] Im Niederländischen gibt es keine Unterscheidung des 3. und 4. Falles, es heißt jeweils ‚mij'.

auch eines Buches wie ‚Suche das Licht...' –, dann wird das Kraftdenken an die organische Form des Denkens gleichsam gewöhnt.

Wenn man mit einem gespiegelten Denken solche Bücher liest, dann geben sie gewiss eine Reinigung des Denkens, das heißt, das Denken nimmt eine Gewohnheit an, sich in objektiv zusammenhängenden Gedanken zu entfalten. Aber damit ist das Denken noch keine Kraft geworden. Hat es diese Kraft einmal in sich gesammelt, heißt das noch nicht, dass dieses Denken dann auch aus sich selbst heraus so geformt ist. Es kann sich in rein logischen Formen fortbewegen, völlig in Übereinstimmung mit den Gesetzen der Logik, und trotzdem nicht organisch sein, weil es nicht vermag, sich an die Formkräfte zu halten, die die Weisheit in sich haben, wie sie zum Beispiel in der Physiologie des menschlichen Leibes zum Ausdruck kommt.

Während also das Finden eines nachgeahmten reinen, organischen Denkens, das sich noch in der Spiegelung vollzieht, anhand des Mitdenkens von Büchern, die aus einem organischen Denken heraus geschrieben sind, möglich ist; während das Kraftdenken durch Konzentration und Meditation entwickelt werden kann, indem man in diesem geschulten reinen Denken in der Konzentration und der Meditation Kraft sammelt; bedeutet dies noch immer nicht, dass der Denker auch aus sich selbst heraus ein organisch gebildetes Denkganzes hervorbringen könnte.

Das kann er erst, wenn der Denker selbst die organische Form als Wesen in sich trägt. Dann wird alles, was er spricht, zu Gold werden, und kein Pech oder Kröten werden aus seinem Mund oder Stift hervorgehen, und alles, was er spricht oder schreibt, wird die richtigen Formen annehmen, so, wie in einem gesunden Leib alle Organe die richtige Form haben und nicht in Geschwüren, Entzündungen oder Verhärtungen über sich hinausgehen.

Hier geraten wir an einen außerordentlich schwierigen Punkt. Es gibt Menschen – sehr viele –, die gut logisch denken können, die ein entwickeltes Begriffsvermögen haben, die auch einen reinen Willen zur Verbesserung der Welt haben, und die dennoch, wenn sie beginnen, diese Dinge in Worte zu fassen, unbemerkt aus aller organischen

Form heraustreten. Es ist deutlich, dass das Ich, das dann denkt, noch nicht an jenen Punkt gekommen ist: ‚Nicht ich, sondern...'

Es ist wichtig, uns von diesem Gesichtspunkt aus noch einmal mit den verschiedenen Wesensgliedern des Menschen zu beschäftigen.

Wenn wir an den physischen Leib denken, ist es deutlich, dass dieser ganz außerhalb unseres eigenen Willens gebildet ist. Dem kann ein höherer Wille zugrunde liegen, doch diesen können wir nicht als menschlich bewussten Willen kennen, wir können ihn da tief im Physischen nicht fassen, obwohl es deutlich ist, dass in diesem Gebiet sogar eine bestimmte Entwicklung möglich ist. Wenn man an einen Fakir denkt, der bis zu einem gewissen Maße seine Leibesprozesse in der Hand hat, hat man dafür ein Beispiel. Doch ein gewöhnlicher Mensch hat diese Möglichkeit nicht mehr.

Wenn man sich auf den Ätherleib besinnt, dieses wunderbare Ganze, das vom Umkreis aus Formkräfte trägt, durch die der Leib modelliert wird und sich im Leib die Lebensprozesse abspielen, dann fühlt man auch da seine Ohnmacht. So weit erstreckt sich die menschliche Beherrschung – glücklicherweise – nicht. Wohl ist der Ätherleib auch ein Gedankenleib, er trägt alle Gedanken und denkt in diesem Sinne auch weiter, wenn man nachts schläft und mit den sogenannten höheren Wesensgliedern außerhalb des Physisch-Ätherischen ist. Aber er denkt aus sich heraus, und man hat darüber keine Beherrschung. Ein Beispiel dafür ist, wie sich der Traum aus sich heraus formt.

Die Seele liegt schon etwas in dem Gebiet der Beherrschung, doch die Seele ist nicht imstande, sich selbst zu beherrschen. Am besten kann man das in der Pubertät sehen, in der die Seele als eigenes Wesensglied geboren wird, wobei die Beherrschung noch von den Eltern kommen muss, weil das Kind dieses Vermögen noch nicht hat. Nur wenn die Seele in den vorherigen Inkarnationen einen Weg zur Reinigung, zur Katharsis, zur Läuterung in einer Weise durchgemacht hat, dass in der Seele selbst die Beherrschungskraft zu einer Eigenschaft geworden ist, kann die Seele sich selbst überlassen werden – aber auch dann noch immer nicht in der Pubertät, weil die für das Erdendasein nötigen Fertigkeiten noch ungenügend entwickelt sind.

Gewöhnlich ist die Seele in sich selbst nicht rein und muss vom Ich in Beherrschung genommen werden. Das Ich ist die beherrschende Substanz, und allein vom Ich kann der selbstständige Impuls ausgehen, die niederen Wesensglieder, die außerhalb seiner Beherrschung liegen, allmählich immer mehr in das Gebiet seiner Wirksamkeit zu bringen.

Das ist die große Aufgabe für den Geistessucher in der modernen Zeit, dass er sich nicht so, wie er nun einmal ist, für den Geist öffnen lernen kann, sondern dass er nach Wegen suchen müssen wird, sich selbst so in die Hand zu nehmen, dass er zu einem Menschen wird, der durch seine wachsende Übereinstimmung mit dem Wahren, Schönen und Guten, mit der Weisheit, der Liebe und der Tugend, reif wird, im Ich den Christus zu empfangen, der sich dann im Ätherleib offenbart.

Das bedeutet für das Denken, dass der bewusste Teil des Gedankenleibes, das heißt des Ätherleibes, eine vollkommen lebendige, organische Gestalt annehmen muss, so dass alles, was der Schüler der Geistesschulung in Wort und Schrift offenbart, ein Gleichnis für diese göttlich-geistige organische Weisheit ist.

Rudolf Steiner beschrieb Goethe als einen solchen Menschen, der in allem, was er hervorbrachte, eine harmonische Übereinstimmung mit der göttlich-geistigen Weisheit zeigte. Das beruhte bei Goethe auf einer Geistgestalt und Seelenkonfiguration, die so auf die Gedankenstruktur des Ätherleibes wirken konnte, dass das, was daraus gesprochen und geschrieben wurde, diese Übereinstimmung mit den Rhythmen und Klängen des Kosmos hatte. Dennoch spricht Rudolf Steiner auch bei ihm über einen Teil der Seele, in dem die alte Einweihung rumorte, die dann dazu geführt hat, dass Goethe in seinem Liebesleben jene Übereinstimmung nicht fand, die in seiner Wissenschaft und Kunst zum Vorschein kam.

Für den Schüler der Geistesschulung ist die in der Vergangenheit durchgemachte Einweihung nicht ausreichend. Das noch junge Ich, das in Wirklichkeit immer außerhalb der Einweihung blieb, muss in zunehmendem Maße die Herrschaft über die verschiedenen Prozesse in der Seele, im Ätherleib, im physischen Leib erlangen. Zuerst muss das Ich für seine irdischen Aufgaben reif gemacht werden. Jemand, der noch in der Entrückung der alten Einweihung lebt, hat die Erde mit den Füßen noch nicht betreten. Für ihn wird es notwendig sein, zuerst ein Erdenbürger zu werden, den Mut zu haben, den Tod kennenzulernen, der im Denken herrscht – die Seelenleerheit im Raum –, und dann ausgehend von dieser Erdenbürgerschaft weiterzugehen, fortzuschreiten zu einem In-Beherrschung-Nehmen der alten Einweihung (Imagination), die bis in den Astralleib reicht und die noch mit dem ‚alten Mond' zusammenhängt, der alten Inspiration, die bis in den Ätherleib reicht und mit der ‚alten Sonne' zusammenhängt, und das sich schließlich bis auf die mit dem ‚alten Saturn' (Intuition) zusammenhängenden Prozesse des Leibes erstreckt.[38]

In ferner Zukunft liegt die Umwandlung des Astralleibes des Menschen, wir er auf dem alten Mond angelegt wurde, durch das Ich, das durch den irdischen Tod gegangen ist – diese Umwandlung des Astralleibes wird, wenn sie sich auf die ganze Menschheit erstreckt, zum neuen Jupiter –; das Durchdringen des Ätherleibes, der mit der alten Sonne zusammenhängt, führt zu der neuen Venus, und das Durchdringen der physischen Prozesse mit dem Ich wird schließlich zum künftigen Vulkan werden. Dieses Letztere wird dasjenige bringen, was im Jahr 33 bereits geweckt wurde und was im Menschen nur als ein Keim schlummert, nämlich den völlig durch das Ich beherrschten Auferstehungsleib, insoweit dieser geweckt werden kann.

Insoweit das Ich in der modernen Zeit gelernt hat, *mit dem Skelett zu denken*, hat es bereits Teil an diesem Auferstehungsleib. In der alten esoterischen Literatur findet man Stellen, wo von einem heiligen kleinen, unbekannten Gebein gesprochen wird, das in jedem menschlichen Leib als ein Keim anwesend ist, woraus letztendlich die Auferstehung der Toten beim Jüngsten Gericht hervorgehen werde. Das ist ein mehr materiell ausgedrücktes Bild für diesen Keim des Auferstehungsleibes, der mit dem Ich zusammenhängt, insofern dieses Ich

---

[38] Siehe hierzu Rudolf Steiner, Die Geheimwissenschaft im Umriss (GA 13), Aus der Akasha-Chronik (GA 11) und Die Evolution vom Gesichtspunkt des Wahrhaftigen (GA 132).

nicht mit dem Gehirn denkt, sondern zum Beispiel mit dem Skelett.

Das Erden-Ich muss wirklich lernen, das Denken nicht nur als Spiegelung durch das Gehirn zu haben, sondern gleichsam als gestaltet durch den organischen Bau des Skeletts. Man darf natürlich nicht meinen, dass dann Bilder von Skeletten im Denken aufsteigen, sondern man muss erfassen, dass im physischen Leib der Kopf die Form der Vergangenheit trägt, die Gliedmaßen aber die Form des Leibes für die Zukunft, dass in diesem Sinne Denken mit dem Skelett ein Denken werden kann, das wahrhaftige Formkraft in sich hat, die noch tiefer reicht als die Formkraft des Ätherleibes, der den *jetzigen physischen Leib* gestaltet. Es sind noch viel stärkere Zukunfts-Formkräfte, die nicht mit der Erhaltung dessen zu tun haben, was schon da ist, sondern mit der Transformation, der Umstülpung, der Metamorphose der Gliedmaßen von heute in den Schädel der folgenden Inkarnation.

Je mehr man es vermag, diese Dinge nicht als eine Theorie zu empfinden – dass es wohl einmal so sein könnte –, sondern als wirkliche Kraft, die das Denken in sich aufnehmen kann, desto mehr erlöst man das Denken aus seinem Scheincharakter und wird dieses nicht nur ein reines Kraftdenken, sondern wirklich ein reines ‚gestaltendes' Kraftdenken, Formkraftdenken, das nicht nur zu erhalten vermag, was da ist, sondern tatsächlich neue, schöpferische Metamorphosen offenbart.

Wenn ein solches Denken in Wort und Schrift hervortritt, dann geht dies noch weiter als das Denken von Goethe, denn dann ist es wirklich die *Metamorphose der Kraft selbst*, die das Denken gestaltet. Bei Goethe kam das Denken auf die Idee der Metamorphose. Ein Denken, das wir seit Rudolf Steiner entwickeln können, ist selbst metamorphosierende Kraft, aber dabei völlig an das Organische sich haltend.

Wie gestaltet man sein Wesen so, dass dieses organische Denken eine Eigenschaft wird, die zum eigenen Wesen gehört?

DAS LAND SHAMBALLAH

Wie im ersten Teil beschrieben, muss das Denken zu einem in sich zusammenhängenden, konsistenten, logischen Organismus erzogen werden, der darüber hinaus daran gewöhnt ist, spirituellen Inhalt zu denken. Es wird so zu einem Denken, das frei vom Gehirn, frei vom Leiblichen ist, das aber trotzdem noch die Frucht des Leiblichen in sich trägt, nämlich dass es an der allerhöchsten göttlichen Weisheit Anteil gehabt hat: der des menschlichen physischen Leibes.

Einerseits muss also das Denken abstrakt werden, das heißt, aus dem Zusammenhang mit der Welt und mit dem Leib losgerissen werden; andererseits muss es ein Denken sein, das gerade *durch* das Leben in der Welt und im Leib zu einem reinen Gedankenorganismus geworden ist.

Wenn die Entwicklung so weit fortgeschritten ist, wird es möglich, nicht mehr einen *gewählten* Inhalt für die Konzentration, Meditation und Kontemplation zu nehmen, sondern das Denken selbst zu kontemplieren. Ich verwende das Wort Kontemplation, weil kein bekannter gedachter Inhalt mehr da ist, weil aller Gedankeninhalt verlassen wurde, während das Denken als Aktivität noch da ist.

Dieses Denken, das also zu einem reinen Kraftorganismus, einem Wahrheitsweben, einem Weisheitsweben geworden ist, dieses Denken kann dann *selbst* kontempliert werden.

Das bedeutet, dass es nicht mehr dem Menschen gegenübersteht, der sich darin vertieft, sondern dass in der Kontemplation wirklich eine völlige Einheit mit dem Denkorganismus entsteht, der sich ganz frei vom Leib entfaltet.

Man kann dies üben, während das Denken noch sehr unentwickelt ist. Man fällt dann jedes Mal wieder in das assoziative Denken zurück. Dennoch ist es nicht sinnlos, es immer wieder zu versuchen, weil man innerlich dann doch eine Bewegung macht, sich aus dem gespiegelten Gedankeninhalt zum leibfreien Denk-Aktivitäts-Prozess zu befreien.

So kann das Kontemplieren des Denkens als Prozess auf ein immer höheres Niveau kommen.

In seinen Beschreibungen des Rosenkreuzerweges beschreibt Rudolf Steiner dieses Kontemplieren des Denkprozesses als ‚Gottseligkeit'. Es ist die allerhöchste Stufe, die der Schüler auf dem Pfad des Rosenkreuzes erreichen kann:[39]

‚Der siebente Zustand entspricht dem orientalischen Samadhi; man nennt ihn in der Rosenkreuzer-Schulung Gottseligkeit. Man läßt die letzte Vorstellung fallen, aber man behält die Kraft des Denkens. Der Inhalt des Denkens hört auf, aber die Tätigkeit des Denkens bleibt. Dadurch ruht man in der göttlich-geistigen Welt.'

Wer die Möglichkeit findet, das zuvor beschriebene organische Wahrheitsgewebe, dasjenige, was das Denken als Kraft geworden ist, zu kontemplieren, der kontempliert Christus in der ätherischen Welt. Jeder, der zu diesem Punkt in der Entwicklung kommt, wird zustimmen können, dass dieses Denken *die erste wahrnehmbare Gestalt von Christus im Ätherischen ist.*

Keinerlei Inhalt hat dieses Denken, dennoch ist es ein völlig harmonisch konstruierter, in der Wahrheit webender Organismus, der bereit ist, nur dasjenige als wahrhaftige Erkenntnis zu empfangen, was sich in der Gestalt von Christus in der ätherischen Welt ausspricht.

Das Denken ist dann nicht in jenem Sinne abstrakt, dass es kein Gefühlsleben in sich tragen würde. Hier erscheint vor uns wiederum die Gestalt von Novalis, der in seinen *‚Lehrlingen zu Sais'* diese sagen lässt:

Lernt er nur einmal fühlen?
Diesen himmlischen, diesen natürlichsten aller Sinne kennt er noch wenig:
durch das Gefühl würde die alte, ersehnte Zeit zurückkommen;
das Element des Gefühls ist ein inneres Licht, was sich in schöner'n, kräftiger'n Farben bricht.
Dann gingen die Gestirne in ihm auf, er lernte die ganze Welt fühlen, klärer und mannichfaltiger, als ihm das Auge jetzt Grenzen und Flächen zeigt.

---

[39] Vor dem Tore der Theosophie, GA 95, S. 144.

Er würde Meister eines unendlichen Spiels und vergäße alle thörichten Bestrebungen in einem ewigen, sich selbst nährenden und immer wachsenden Genusse.
Das Denken ist nur ein Traum des Fühlens, ein erstorbenes Fühlen,
ein blaßgraues, schwaches Leben.

Dies beschreibe ich in meinem Buch über den heiligen Gral als die heilige Substanz, die in den Gral hineinströmt. Empfindsam wird der Denkorganismus.

Erst dadurch bekommt er als Denkorganismus eine Verwandtschaft mit der Imagination in Christus. Es gibt auch Imagination, die von geistigen Mächten gegeben wird, die nicht in Ihm sind. Wenn man aber durch die Kontemplation der Denkaktivität zur Imagination kommt, kann man sicher sein, dass alles, was unmittelbar von da aus Imagination wird, auch durch und durch christliche Imagination ist.

In ‚Suche das Licht...' habe ich in dem Kapitel ‚Philosophia' diese Kontemplation des Denkens genau beschrieben. Ich habe den Leser zu dem Augenblick zurückgeführt, wo das Denken in Gang gesetzt wird. Da ist der Inhalt noch nicht entfaltet, sondern der Denker steht an dem Punkt, einen Denkinhalt zu entfalten. Von diesem Punkt des In-Gang-Setzens des Denkens aus kann man – wenn man dies mit viel Energie übt – zu der Kontemplation der Denkaktivität kommen. Zuerst muss man natürlich diese Aktivität durch das Entfalten der Energie auch wirklich finden. Das Ende von ‚Suche das Licht...', der Epilog, beschreibt dann die Technik – wenn man es so nennen will – der Kontemplation des Denkens als Aktivität.

Ich habe da versucht, den hohen religiös-esoterisch-anthroposophischen Charakter der Kontemplation des Denkens in Worte zu fassen, sei es auch gleichsam stammelnd. Doch wie wollte man dies in glänzenden philosophischen Worten tun, wenn man gerade dazu gekommen ist, zu erkennen, dass man an das Ende aller Philosophie gekommen ist, nämlich zu dem völligen Durchschauen des In-Gang-Setzens des Denkens.

Die Kontemplation dessen ist dann Anthroposophie.

Es kann nicht anders sein, als dass der Weg im Inneren des Menschen anfängt. Denn in der äußeren Welt sind so viele Mächte und

Kräfte wirksam, die wir, gerade weil wir nicht entwickelt sind, nicht durchschauen können, so dass wir nicht hoffen können, dass unser Weg da sicher gegangen werden kann.

Das Erscheinen von Christus in der ätherischen Welt ist eine innere Erfahrung.

Zwar hat Rudolf Steiner über das Erscheinen von Christus in einer mehr oder weniger äußeren Gestalt gesprochen, wie bei den Jüngern auf dem Weg nach Emmaus oder wie bei dem Erleben von Paulus vor Damaskus. Das ändert jedoch nichts daran, dass es dennoch innere Erlebnisse derer sind, die dies erfahren. Der auferstandene Christus wird nicht von jedem gesehen. Nur die, die dafür vorbereitet waren, konnten Ihm begegnen. Obwohl diese Begegnung in gewissem Sinne dann eine Begegnung mit Ihm in der Außenwelt ist, muss man diese doch als eine innere Wahrnehmung ansehen, so, wie das begreifende Denken, das Begreifen, das Leben in der Einsicht, im Menschen etwas Innerliches ist.

Wenn man nicht genau aufpasst, scheint es so, als seien diese Einsichten außerhalb bei den Dingen. Natürlich sind sie das auch, aber das Gewahrwerden für den Menschen lebt im innerlichen Denken.

Es wird viel gesagt und geschrieben über Christus in der ätherischen Welt. Man darf diese Erfahrung nicht zu simpel auffassen. Man kann nicht sagen, dass jeder liebevolle Kontakt zwischen zwei oder mehr Menschen sogleich auch bedeutet, dass das eine Wahrnehmung von Ihm ist – aber es *kann so sein*.

Die Sicherheit in Bezug darauf erwirbt man, ich würde sagen wollen *ausschließlich*, durch die Auferstehung im Denken, die die erste Gestalt von Christus in der ätherischen Welt ist.

Das auferstandene Denken, das Christus im Ätherischen ist, verleiht allen anderen Erfahrungen auf diesem Gebiet die absolute Sicherheit.

*

Meinen Roman ‚*Lotus und Lilie*' beendete ich wie folgt:

Der buddhistische Meister sagt:

‚Für mich im Besonderen gibt es noch etwas, auf das ich zurückblicken kann. Eine Einsicht, nenne es eine ‚Bekehrung', aber ohne die alten Überzeugungen aufgeben zu müssen. Auch von unserer Tradition her kennen wir Ihn, auch wenn wir sein Land anders nennen... Shamballah ... die große Sehnsucht nach Shamballah, dem verschwundenen Königreich... Es ist nicht verschwunden, es ist überall um uns herum. Wir brauchen nur aufs Neue sehen zu lernen. Wir sind blind... ‚Mein Königreich ist nicht von dieser Welt' ... und weil wir nur diese Welt sehen und nicht das Neue, das in dieser Welt wirkt, werden wir dieses Königreich nicht gewahr... Aber ich durfte es erfahren, mein Freund ... ein einziges Mal... Kurz wurde die Nacht mit Morgenrot erleuchtet, blühten Rosen auf gestorbenem, dürrem Holz ... kamen tote Buchstaben zum Leben. Und später ... als ich schmerzlich dein Leiden fühlte ... sprühte mein Blut vor Selbstlosigkeit, vor Kraft, vor Wille, dir Erleichterung zu bringen... [...]'

Der Professor antwortet:

‚Du weißt, dass ich schon lange in einem Denken lebe, das überpersönlich ist, das ‚über den Professor hinausgewachsen ist'. Da ist Licht, da ist Freiheit, da ist absolute Selbstständigkeit, aber auch absolute Verantwortlichkeit. Da ist auch Wille, und Kraft. Das Denken erfüllt meine ganze Menschlichkeit, wie ein ‚zweiter' Mensch. Ich bin es selbst ... aber es ist absolut nicht mein Körper. Ein neues Selbstbewusstsein also ... ein neuer Leib, ein geistiger Leib. Dieser Leib will beseelt werden, mit Geist von außen... Das bin ich nicht mehr, das ist Erfüllung mit, lass mich sagen ... dem König von Shamballah. Mein Geistleib wird Mutter ... eines Königs.

Isis ist entschleiert, mein Freund ... sie darf gesehen werden. Und in dem Sehen tritt der König in sie ein. So fühle ich mich erfüllt von ‚moralischer Impulsivität'... So haben wir beide die Gnade des Schauens ... von Christus in der ätherischen Welt.'

In seinen Vorträgen über das Erscheinen von Christus in der ätherischen Welt beschreibt Rudolf Steiner in einigen Vorträgen jenes geheimnisvolle Land Shamballah, das so tief verborgen ist, dass es mit irdischen Schritten nicht zu erreichen ist.

Die Übereinstimmung mit der Gralsburg – ‚unnahbar unseren Schritten' – zeigt sich hier deutlich. Rudolf Steiner widmet diesem verloren geglaubten Königreich jeweils nur wenige Worte und bringt es in Verbindung mit dem Kali Yuga, der finsteren Epoche, die am Ende des 19. Jahrhunderts zuende ging.

Wir, die wir im 21. Jahrhundert leben, befinden uns also in der Epoche, in der es möglich ist, das Land von Shamballah wieder zu erreichen.

In verschiedenen Vorträgen[40] gibt Rudolf Steiner kurz an, was die Qualität dieses Landes Shamballah ist, und hier wird unmittelbar die Übereinstimmung mit einer Passage aus der ‚Philosophie der Freiheit' erlebbar:

> ‚Und die Zeit wird kommen, in der die Menschen wieder hineinschauen werden in die geistige Welt und da das Land sehen werden, aus dem herunterfließen diejenigen Ströme, welche wahre geistige Nahrung geben all dem, was in der physischen Welt geschieht.
>
> Wir haben ja immer gesehen, daß es den Menschen möglich war, im alten Hellsehen in diese geistige Welt hineinzuschauen. Die morgenländischen Schriften enthalten auch in ihrer Tradition etwas, wie eben eine Überlieferung eines alten geistigen Landes, in das die Menschen einstmals hineinschauen konnten, aus dem sie heraussaugen konnten alles das, was der physischen Welt an Übersinnlichem zufließen konnte. Voller Wehmut sind manche Beschreibungen über jenes Land, das die Menschen einmal erreichen konnten, und das sich wie zurückgezogen hat. Dies Land war in der Tat den Menschen einmal erreichbar, und es wird den Menschen wieder erreichbar sein, jetzt, nachdem Kali Yuga, das finstere Zeitalter, abgelaufen ist. Die Einweihung hat aber immer hineingeführt und für diejenigen, welche die Einweihung genossen haben, gab es immer die Möglichkeit, hineinzulenken die Schritte in jenes geheimnisvolle Land, das sich zurückgezogen hat während des Kali Yuga, von dem als von einem Land gesprochen wird, das wie verschwunden ist aus dem Bereich der menschlichen Erfahrung.
>
> Rührend sind jene Schriften, die von diesem alten Land sprechen. Es ist dasselbe Land, in dem die Eingeweihten immer wieder und wiederum Ein-

---

[40] Das Ereignis der Christus-Erscheinung in der ätherischen Welt. Vortrag vom 6.3.1910, GA 118, S. 129ff.

kehr halten, um sich von da aus die neuen Ströme und Anregungen zu holen für alles das, was der Menschheit von Jahrhundert zu Jahrhundert gegeben werden soll. Immer wieder und wiederum halten diejenigen, die mit der geistigen Welt in dieser Weise in Beziehung stehen, Einkehr in dieses geheimnisvolle Land, das genannt wird ‚Schamballa'. Es ist der Urquell, in den hineingereicht hat der hellseherische Blick, der sich zurückgezogen hat im Kali Yuga, von dem wie von einem alten Märchenland gesprochen wird, das aber wiederkommen wird in den Bereich der Menschen. Schamballa wird es wieder geben, nachdem das Kali Yuga abgelaufen sein wird. Die Menschheit wird wiederum hineinwachsen in das Land Schamballa durch normale menschliche Fähigkeiten, aus dem sich Kraft und Weisheit die Eingeweihten zu holen haben für ihre Mission. Schamballa gibt es, Schamballa gab es, Schamballa wird wieder da sein für die Menschheit. Und zu dem ersten, was die Menschen erblicken werden, wenn Schamballa sich wieder zeigen wird, wird der Christus in seiner Äthergestalt gehören. Es gibt keinen andern Führer für die Menschheit in das von den orientalischen Schriften für verschwunden erklärte Land, als den Christus. Der Christus wird die Menschen nach Schamballa führen.

[...]

Wenn sie versteht, diese Menschheit, daß sie jetzt nicht tiefer herabsinken darf in die Materie, daß sie Umkehr halten muß, daß ein spirituelles Leben seinen Anfang nehmen muß, dann wird sich ergeben zuerst für wenige, dann – in 2500 Jahren – für immer mehr und mehr Menschen das lichtdurchwobene und das lichtdurchglänzte, das von unendlicher Lebensfülle strotzende, das unsere Herzen mit Weisheit erfüllende Land Schamballa.

[...]

Denn das wird das Eigenartige sein, daß hierdurch die Weisheit nichts verlieren wird. Je mehr Schauungen sich die Menschen erringen werden, desto größer wird ihnen der Christus erscheinen, desto gewaltiger wird er ihnen erscheinen! Wenn erst die Menschen ihren Blick werden tauchen können in Schamballa, dann werden sie erst mancherlei von dem wieder einsehen können, was zwar in den Evangelien enthalten ist, wozu aber die Menschen eine Art Ereignis von Damaskus brauchen werden, um erkennen zu können, was in den Evangelien gegeben ist. So wird in derjenigen Zeit, wo die Menschen den Urkunden gegenüber am ungläubigsten sein werden, das neue Bekenntnis zu dem Christus Jesus entstehen durch unser

Hineinwachsen in das Gebiet, wo wir ihn zunächst treffen werden: durch das Hineinwachsen in das geheimnisvolle Land Schamballa.'

Und in der Philosophie der Freiheit:[41]

> ‚Aber wer sich dazu bringt, das Leben im Denken wahrhaft zu haben, der gelangt zur Einsicht, daß dem inneren Reichtum und der in sich ruhenden, aber zugleich in sich bewegten Erfahrung innerhalb dieses Lebens das Weben in bloßen Gefühlen oder das Anschauen des Willenselementes nicht einmal verglichen werden kann, geschweige denn, daß diese über jenes gesetzt werden dürften. Gerade von diesem Reichtum, von dieser inneren Fülle des Erlebens rührt es her, daß sein Gegenbild in der gewöhnlichen Seeleneinstellung tot, abstrakt aussieht. Keine andere menschliche Seelenbetätigung wird so leicht zu verkennen sein wie das Denken. Das Wollen, das Fühlen, sie erwärmen die Menschenseele auch noch im Nacherleben ihres Ursprungszustandes. Das Denken läßt nur allzuleicht in diesem Nacherleben kalt; es scheint das Seelenleben auszutrocknen. *Doch dies ist eben nur der stark sich geltend machende Schatten seiner lichtdurchwobenen, warm in die Welterscheinungen untertauchenden Wirklichkeit. Dieses Untertauchen geschieht mit einer in der Denkbetätigung selbst dahinfließenden Kraft, welche Kraft der Liebe in geistiger Art ist.*'

Das sind die Hinweise aus der Literatur. Einen anderen Hinweis von Novalis zitierte ich bereits und gab diesen als eine Übung an, das Alltägliche zum Erhabenen zu erheben. Allein in diesem Erhabenen wird das Königreich gefunden, das ‚nicht von dieser Welt ist', zu dem man sich aber nur in dieser Welt bereit machen kann.

Es ist das denkende Denken, das kontemplierte Denken, die aktuelle Einheit von Denker und Gedanke, das bewusste Anschauen des Denkens, das diese ätherische Glückseligkeit in das Erleben des Alltags hineinführen kann. Er ist *so nahe*, dass wir, die immer zu weit reichen, fortwährend über Ihn hinwegreichen. Der innere Blick reicht bis in die Ferne, doch das Wesentliche, was wir suchen, liegt in uns selbst verborgen, und zwar *so* nahe, dass wir fortwährend darüber hinweg

---

[41] GA 4, S. 142f, Hervorhebung M.M.

blicken, darüber hinweg denken, darüber hinweg fühlen und wollen.

Eine äußerste Beherrschung des denkenden Denkens ist nötig, um die zarten ätherischen Wirkungen gewahrwerden zu können. Man muss in Wirklichkeit im Streben selbst das Streben zurückhalten können, das heißt: nicht anfangen, alles Streben aufzugeben, sondern das Streben bis zum Äußersten verstärken, mit dem Ziel, schließlich dazu imstande zu sein, das Streben völlig zurückzuhalten. Das ist das Wesen von ‚Nicht ich, sondern Christus in mir.'

Es ist im technischen Zeitalter des 21. Jahrhunderts nicht so einfach, sich vorzustellen, dass in dieser Welt das Königreich Shamballah offenbar werden könnte. Um sich davon eine Vorstellung zu bilden, ist es notwendig, sich im Umkehren des Negativen in das Positive zu üben.

Die Rückkehr des Königreiches Shamballah bedeutet nämlich nicht, dass die technische Welt von Heute einem idealen Weltgeschehen weichen würde. Nichts wird weichen, alles wird wirklich so bleiben, wie es ist. Im besten Fall wird eine Veränderung in der *Tendenz* auftreten. Man darf die Veränderung nicht in einem tatsächlich bis ins Materielle reichenden Anderswerden des Daseins suchen. Christus sagt: ‚Mein Reich ist nicht von dieser Welt'. Man kann also auch wirklich nicht erwarten, dass sich diese Welt verändert. Erwarten darf man, dass das Reich, das nicht von dieser Welt ist, in den Menschenherzen, in den Menschenhäuptern erscheinen wird – und dadurch im Reich dieser Welt. Dadurch wird alles, was nun einmal so ist, wie es ist, als ganz und gar von diesem Licht durchdrungen erlebbar werden. Hierdurch erlebt man den lichtdurchwobenen, lichtdurchglänzten, warm die Welterscheinungen durchdringenden christlichen Begriff: Das ist das Königreich von Shamballah.

Ich werde noch ein Beispiel aus meinem Roman *‚Lotus und Lilie'* geben, und zwar das Geschehen, auf das der östliche Meister verweist, wenn er sagt, dass er einmal eine Erscheinung von Christus in der ätherischen Welt gehabt hat. Es ist ein Beispiel dafür, was sich in der Welt ändern kann, wenn das Reich von Shamballah auf Erden zurückkehrt. Es kehrt nicht äußerlich zurück, sondern es kehrt zurück in die Menschenherzen und die Menschenhäupter.

‚Er ging in das Institut und lief direkt zur Bibliothek.

Er machte das Licht an...

Wände voller Bücher, alte und neue. Es gab eine spezielle Kommission, die dafür sorgte, dass die Lektüre so komplett wie möglich war. Alle klassischen Werke standen da, sowohl religiöse, als auch philosophische... Es war ein Zugeständnis an den westlichen Geist mit seinem unersättlichen Hunger nach Wissen... Aber der Meister selbst hatte hier nichts zu suchen.

Es standen lange Tische da, mit untergeschobenen Stühlen. Alte Stühle mit hohen Lehnen... Hier saßen sie tagsüber, die Studierköpfe... Stapel von Büchern, Stift und Papier ... als ob man damit einen Schritt weiter kam.

Sollte er hier ein Buch finden ... ein Gefühl von Panik beschlich ihn... Draußen war es erdenfinster... Und hier ... war alles tot ... elektrisches Licht, Tausende, Millionen sinnloser Gedanken, aufgezeichnet in dämonischen Schriftzeichen, von allem Leben befreit... Rücken an Rücken auf Regal über Regal... Diese Tische, auf denen viele fleißige Hände geschrieben hatten ... die Stühle ... die toten Studierköpfe... Eine Grabkammer... Alle Türen waren geschlossen, die Fenster auch... Jahrtausende toter Gedanken...

Ein Karteikartensystem, in dem der Leichnam auseinanderfiel... Verrückt waren sie, diese Studierköpfe ... außer dieser eine...

Er wollte weglaufen, Angst stieg hoch bis an seine Kehle ... die Finsternis von draußen drang drohend nach innen ... Tod, Tod, Tod... Ihm wurde schwindlig ... weg von hier! Aber wie versteinert blieb er stehen, sich an einem dieser strengen Stuhllehnen festklammernd...

Sanft wurde es hell ... beweglich ... es warf Strahlen nach draußen, der Finsternis entgegen ... diese musste vor dem sanften Zwang weichen... Schön waren die alten Bücherschränke, von Hand war das kostbare Holz bearbeitet ... lebende Hände, bleibende Schönheit... Ledereinbände mit Goldaufdruck, aber auch fröhliche moderne Farben ... ein Schatz an Geistesgut, Jahrhunderte von menschlicher Intelligenz ... die Tische, an denen so viele nach Weisheit hungernde Seelen gearbeitet hatten ... die Liebe zur Weisheit modelliert in Tausenden von Menschenhänden... Die Stühle, jetzt leer ... aber zum Sitzen einladend...

Sanftes, bewegliches Licht ... Leben... Die Leere des unwissenden Intellekts ... wurde erfüllt von ... von... Er hörte seinen Namen ... nicht den Na-

men des Meisters ... dennoch seinen Namen, unbekannt, aber so vertraut...
Das Licht bündelte sich...'

Indem der Mensch die Wirklichkeit auf eine ganz verjüngte Weise zu sehen und zu begreifen lernt, begreifen und dadurch sehen lernt, verjüngt sich die Natur, die Welt, der Mensch auch wirklich selbst. Das ist die ungeahnte Wirkung, die das Finden des Christus im Ätherischen im Menschen und dadurch in der ihn umgebenden Natur bis in die Technik hinein zuwege zu bringen vermag.

Nach dem Tod auf Golgatha ist Christus ‚niedergestiegen zur Hölle'. Man kann das nicht konkret genug verstehen, man muss dies begreifen als ein völliges Durchdrungenwerden noch der allertiefsten Finsternis mit der Christuskraft. Insoweit wir von Wirkungen dieser tiefsten Finsternis umgeben sind – und wir haben ja zum Beispiel in unserer modernen Computertechnologie und im Elektromagnetismus ganz und gar damit zu tun –, trägt uns selbst bis in dieses Gebiet die ätherische Christuskraft, wenn wir als Menschen uns mit diesem Begriffsvermögen erfüllt haben. Indem aber der Mensch sich in Hinsicht auf sich selbst und die Welt um sich herum ganz anders zu verhalten lernt, verändert sich diese Welt auch wirklich bis in ihre materiellen Fasern hinein.

Obwohl dies dann noch immer nicht bedeutet, dass das bloße Auge dies auch sieht, ist es dennoch so, dass dank der Wirkung des Auferstandenen im Menschen dieser die Wirkung als einen warm in die Welterscheinungen untertauchenden Lichtglanz in sich trägt. Das, was kosmische Intelligenz war, lebt im Herzen des Menschen als ätherischer Christus – und die bleierne Kugel wird ein goldener Pokal.

Novalis hat während seines kurzen Lebens als Dichter – man möchte fast sagen träumend – prophetisch von einem goldenen Zeitalter gesprochen. Das ist das Zeitalter von Shamballah. Darin wirken die harten Naturgesetze besänftigt durch die hohe, glanzvolle Äthergestalt. Ein Märchenland wird die Erde, zwar nicht im helllichten Tageslicht, aber in dem Licht, das im Abendland aufgeht...

Die höhere Natur der Sinne kommt zur Wirksamkeit. Das Auge sieht keine Quanten oder Wellenlängen, sondern es sieht Farben, es ist aus dem Licht für das Licht geschaffen, und es hat sich dem äußeren Licht zugewandt. Doch wenn das Auge in seiner Wirkung zurücktreten kann und in dem Licht leben kann, das das Auge geschaffen hat, dann sieht es die ätherischen Farben. Da, in diesen Regenbogenwirkungen in der Seele, steht Christus im Ätherischen...

Das Ohr ist durch die Harmonie für den Ton geschaffen. Das Gehör wendet sich dem äußeren Geräusch zu. Wenn aber der Mensch sein Ohr zu beherrschen versteht, so dass es nicht bis zum Hören von Geräuschen fortschreitet, sondern in den schöpferisch-ätherischen Kräften des Gehörorgans zu verbleiben vermag, dann wird der Mensch der Sphärenharmonie gewahr, und in dieser Sphärenharmonie klingt Christus in der ätherischen Welt.

Der Wärmesinn ist durch die Wärme für die Wärme geschaffen. Doch wenn es dem Menschen gelingt, mit der Wahrnehmung der Wärme beherrscht in demjenigen zu bleiben, was das Schaffende der Wärme ist, dann tritt in diesen Wärmeäther Christus im Ätherischen als Schenker warmen Trostes ein...

DAS DENKENDE WAHRNEHMEN

Nun sind wir so weit gekommen, dass wir das Denken in der Wahrnehmung mit den Sinnen wirklich als ätherische Erscheinung gewahrwerden können.

Solange das Denken noch kein kräftiges organisches Ganzes ist, verläuft es natürlich ebenfalls in der Wahrnehmung, aber es entzieht sich dann vollständig dem Bewusstsein. Jetzt, wo wir so weit gekommen sind, dass wir das Denken denken können, ohne dafür noch einen Inhalt im Denken nötig zu haben, können wir vorsichtig die Ohren und die Augen öffnen und uns einer sinnlichen Wahrnehmung hingeben, Gebrauch machen von unserem Vermögen, uns – auch wenn wir mit den Sinnen wahrnehmen – doch im Denken ganz zu beherrschen, bis ins Ätherische, um dann den ätherischen Denkstrom, der ein rein übersinnliches Denken ist, in der Wahrnehmung gewahr werden zu können.

Im Kapitel über Shamballah habe ich dies am Ende angedeutet. Nun werde ich diese Andeutung weiter entwickeln.

In der Wahrnehmung mit den Sinnen entgeht uns das Denken. Wir werden noch auf die Formen, die Gestalten zurückkommen, die uns durch die Wahrnehmung geschenkt werden, auch wenn wir nicht denken. Dann finden wir in der Schöpfung das geformte göttliche Wort. Dies ist die *Wahrnehmungsseite* unseres Weges zu Christus.

Jetzt wollen wir uns mit der *Denkseite* in der sinnlichen Wahrnehmung beschäftigen, während wir die Annäherung an Christus suchen. Um dies so deutlich wie möglich in Worte zu fassen, beginne ich mit einem Zitat Rudolf Steiners aus dem Band ‚Philosophie und Anthroposophie', und zwar aus dem Autoreferat ‚Frühere Geheimhaltung und jetzige Veröffentlichung übersinnlicher Erkenntnisse'. Darin beschreibt Rudolf Steiner diese wunderbare Fähigkeit des Menschen, ein reines Denken zu haben, das in der Wahrnehmung unbewusst vorhanden ist. Anhand dieses Zitates werde ich dann versuchen, dazu anzuleiten, wie die Fähigkeit des Schauens von Christus in der ätherischen Welt auch wirklich geübt werden kann.

‚Im Denken waltet etwas, das nicht aus der Erinnerungsfähigkeit in dasselbe eindringt. Etwas, das den Menschen nicht deshalb die Richtigkeit eines gegenwärtigen Gedankens verbürgt, weil aus der Erinnerung ein ihn tragender früherer Gedanke auftaucht, sondern deshalb, weil diese Richtigkeit unmittelbar *erlebt* wird. Dieses Erlebnis verbirgt sich dem gewöhnlichen Bewußtsein aus dem Grunde, weil der Mensch die in Frage kommende Kraft innerhalb dieses Bewußtseins für das denkende Wahrnehmen vollständig verbraucht. Im denkenden Wahrnehmen ist diese Kraft wirksam, aber der Mensch glaubt, indem er wahrnimmt, daß ihm die Wahrnehmung allein die Richtigkeit dessen verbürgt, was er in einer Betätigung seelisch ergreift, die aus Wahrnehmen und Denken stets zusammenfließt. Und wenn er dann im bloßen Denken, das er von den Wahrnehmungen abgezogen hat, lebt, so hat er es wirklich nur mit einem solchen Denken zu tun, das seine Stützen in der Erinnerung findet. In diesem abgezogenen Denken ist der physische Organismus mittätig. Ein Denken, das dem Organismus nicht unterworfen ist, lebt für das gewöhnliche Bewußtsein nur, während der Mensch im sinnlichen Wahrnehmen begriffen ist. Dieses sinnliche Wahrnehmen selbst ist vom Organismus abhängig. Das in ihm enthaltene und in ihm mitwirkende Denken ist aber ein rein übersinnliches Element, an dem der Organismus keinen Anteil hat. In diesem Denken hebt sich die Menschenseele aus dem Organismus heraus. Wer dieses Denken im Wahrnehmen sich zum abgesonderten Bewußtsein zu bringen vermag, der weiß durch unmittelbares Erleben, daß er als Seele sich unabhängig von seinem Leibe ergreift.

Dieses erste Sich-Erleben des Menschen als übersinnliches Seelenwesen ergibt sich der entwickelten Selbsterkenntnis. Es ist in jedem Wahrnehmungsakt unbewußt vorhanden. Es handelt sich nur darum, die Selbstbeobachtung so weit zu schärfen, daß bemerkt wird: im Wahrnehmen offenbart sich ein Übersinnliches. Und was sich so offenbart, als schwächste erste Ankündigung eines Erlebens der Seele im Übersinnlichen: es kann weiter entwickelt werden. Das geschieht, wenn der Mensch in einem meditativen Leben ein solches Denken entwickelt, das aus zwei Seelenbetätigungen zusammenfließt, aus derjenigen, welche im gewöhnlichen Bewußtsein in dem Wahrnehmen lebt, und aus der andern, die im gewöhnlichen Denken wirkt. Das meditative Leben wird dadurch zu einem verstärkten Denken, zu einem solchen, das in sich diejenige Kraft aufnimmt, welche sonst in das

Wahrnehmen ausfließt. Das Denken muß sich so erkraften, daß es in derselben Lebendigkeit wirkt, die sonst nur im Wahrnehmen vorhanden ist; und ohne sinnliches Wahrnehmen muß ein Denken sich betätigen, das sich nicht auf Erinnerungen stützt, sondern in unmittelbarer Gegenwart seinen Inhalt so erlebt, wie man ihn sonst nur aus der Wahrnehmung schöpft. Von dem am Wahrnehmen sich betätigenden Denken hat eine solche meditative Seelenverrichtung die freie, vollbewußte Art, die in sich selbst sicher ist, daß sie sich keinen Inhalt gibt, der wie eine Vision aus dem unbewußt Organischen in die Seele hereinstrahlt. Jede Art des Visionären ist das volle Gegenteil des hier Gemeinten. Man muß durch Selbstbeobachtung dahin gelangen, diejenige Seelenverfassung genau zu kennen, in welcher man während des Wahrnehmens eines Sinnes ist; und in dieser Seelenverfassung, in der man sich bewußt ist, daß der Inhalt des Vorgestellten nicht aus der Tätigkeit des Organismus aufsteigt, muß man Vorstellungen erleben lernen, die ohne äußere Wahrnehmung so im Bewußtsein erregt werden wie sonst nur die im besonnenen, wahrnehmungslosen Nachdenken im Bewußtsein vorhandenen.'[42]

In dem Zitat beschreibt Rudolf Steiner auf eine ganz besondere Weise, wie die Meditation sich aus zwei Aktivitäten der Seele aufbaut. Später kommt noch eine dritte Aktivität hinzu, diese lassen wir in diesem Moment außer Betracht, denn wir wollen uns nicht so sehr in das Wesen der Meditation vertiefen, sondern wir wollen das Denken in der Wahrnehmung finden.

Wir haben inzwischen unser Denken durch Konzentration und Meditation stark gemacht, so dass wir imstande sind, das Denken selbst als lebendigen ätherischen Organismus zu kontemplieren.

Nun öffnen wir unsere Augen, wir suchen ein natürliches Wahrnehmungsobjekt, zum Beispiel eine Pflanze, und nehmen diese so genau wie möglich wahr.

Mit unserer entwickelten Selbsterkenntnis, die uns Kraft gebracht hat, werden wir nun gewahr, dass wir in der sinnlichen Wahrnehmung – sagen wir im Sehen – mit unserer gewöhnlichen Wahrnehmung immer weiter gehen, als es für das Finden des Wesentlichen notwendig ist. Das-

[42] GA 35, S. 397ff.

jenige, was dann in diesem weiter gehenden Wahrnehmen geschieht, dominiert im gewöhnlichen Bewusstsein völlig über das Wesentliche. Das Auge ist begierig, zu sehen, und schießt mit seiner Wahrnehmung über sich selbst hinaus. Dadurch nimmt es vor allem die verdichtenden Kräfte in der Welt wahr, und so entsteht die Gewahrwerdung eines materiellen Daseins. Das hat unmittelbar mit diesem Übermaß an Aktivität zu tun, durch das das Sehen weiter geht, als es eigentlich notwendig ist.

Nun haben wir das Denken so verstärkt, dass wir während unserer Wahrnehmung aufmerksam sein können und gewahr werden können, was *zwischen* dieser materialisierten Wahrnehmung mit dem Auge und dem gewöhnlichen Gedankenleben und Denken wirksam ist.

Ohne darüber nachzudenken, weiß das denkende Wahrnehmen das Rot, weiß es das Weiß, weiß es die Gerade, das Oval, den Wind... Das Denken sieht Gelb, ohne den Namen zu nennen, und weiß, dass es Gelb ist, jenseits aller Sprache. Das ist nicht mehr nur Sinneswahrnehmung, aber es ist auch noch kein Gedanke geworden. Es ist ein Wissen, das außerhalb des gewöhnlichen Gedankenlebens liegt, jedoch nicht so weit geht, wie es in der gewöhnlichen Wahrnehmung geschieht.

Wenn wir dieses denkende Wahrnehmen, wahrnehmende Denken, in unserer Sinneswahrnehmung gewahr werden, dann haben wir jenen feinen, reinen, übersinnlichen Denkstrom gefunden, der keine Sinneswahrnehmung ist und der kein Gedanke ist, der aber sehr wohl in den Sinnen verläuft und der sehr wohl das Wissen hat, das dem Denken eigen ist.

Nun können wir die Übung umkehren. Wir können die Augen schließen und versuchen, ein möglichst getreues Bild des wahrgenommenen Naturobjektes in uns zu formen. Wir versuchen, innerlich nicht ein ,Foto' hervorzurufen, sondern es nachzumalen, wie wir es gesehen haben.

Wenn man dies tut, dann weiß man, dass die Sinne in diesem Moment keine Verbindung mit einem realen Objekt haben. Das, was man in der vorstellenden Aktivität tut, hat zwar einen sinnlichen Charakter, aber die direkte Sinneswahrnehmung schweigt, es ist eine vorstellende Aktivität.

Weil es vorstellende Aktivität ist, die sehr wohl unmittelbar mit der sinnlichen Wahrnehmung zusammenhängt, ist es leichter, mit der entwickelten kräftigen Denkaktivität das reine Denken in der wahrnehmenden Aktivität gewahr zu werden. Aber man muss sich dann vorstellen, dass das Denken selbst Wahrnehmungsqualität bekommen hat, dass es gleichsam von Begriff durchdrungen sichtbar und hörbar wird.

Dies ist das neue Ätherdenken. Es gibt die Weltgestalt wieder, das Reich, das nicht von dieser Welt ist, sondern worin das Wesentliche denkt. Es ist Christus im Ätherischen, der in diesem Element in einem denkt. Dies wird man auch wirklich gewahr, in der betrübten Glückseligkeit, von der man erfüllt wird. Bittersüß. Das ist die Qualität des neuen Ätherdenkens.

Die Aufgabe ist, mit dem denkenden Wahrnehmen immer etwas *vor* der vollen Wahrnehmung zu bleiben und zu verhindern, dass das, was man gewahr wird, ein gewöhnlicher Gedanke wird.

Dies ist wie das Tanzen auf einem Seil. Wenn man das Gleichgewicht auf der ganz dünnen Linie nicht zu bewahren versteht, fällt man links oder rechts herunter.

Wenn man fühlt, wie beherrscht man sein muss, um in dieses Element hineinkommen zu können, dann ist es eine Selbstverständlichkeit, dass bei dem Streben nach der Annäherung an Christus in der ätherischen Welt das Üben von Bescheidenheit, von Hingabe, von Devotion notwendig ist.

Es sind keine Anforderungen, die hinzukommen, sondern es ist das Modellieren am eigenen Wesen, wodurch dieses Wesen eine Gestalt annimmt, die in diesem Strom, der zwischen der Sinneswahrnehmung und den Gedanken darüber liegt, existieren kann.

Es ist üblich, von einer geistigen Welt hinter der Welt der Sinne zu sprechen, doch in der Selbstwahrnehmung wird deutlich, dass diese Welt nicht räumlich ‚hinter' der Sinneswahrnehmung liegt, sondern als *‚davor'* erlebt wird: zwischen Wahrnehmung und Denken.

Wenn man sich darin aufrechterhalten kann, dann kann man, während die Sinne wahrnehmen, zugleich in einer Welt sein, die ätherisch ist, die die sinnliche Wahrnehmung nicht verdeckt, sondern die zugleich in *voller Majestät* anwesend ist.

Natürlich ist diese volle Majestät ein wachsendes Geschehen. Zuerst hat man daran durch eine reale *Ahnung* Anteil, welche jedoch immer mehr ein wirkliches Erleben wird, das Wachstumskraft besitzt. Aber selbst die reale Ahnung besitzt schon eine Wirkung, die dazu führt, dass man die Meditation nie mehr als eine *Pflicht* erfahren wird. Sie wird etwas, wonach man sich sehnt, etwas, was ein Lebensbedürfnis für einen wird, was man nicht mehr entbehren kann. Das ist ein Kern-'Symptom' der Begegnung mit Christus in der ätherischen Welt.

DAS BEWUSSTSEINSWESEN

Gern stellen wir uns die Erscheinung von Christus in der ätherischen Welt als ein Geschehen in *einem* Augenblick vor. In Notzuständen geschieht dies auch so; davon gibt es viele Berichte, auch wenn diejenigen, die eine solche Erscheinung erlebt haben, dies meist als einen rettenden Engel sehen, der zu Hilfe kommt. Der in diesem Engel als wirkliches Wesen lebende Christus wird meistens nicht erkannt.

Wenn man aber ausgehend von einer inneren Entwicklung, wie sie in diesem Buch beschrieben ist, nach einer Gemeinschaft mit diesem Geschehen in der ätherischen Welt sucht, dann wird man die Gnade der Erscheinung von Christus im Ätherischen gewöhnlich als sehr allmählich zunehmend gewahr werden.

Was im denkenden Denken und im denkenden Wahrnehmen wirksam wird, erlebt man nicht als eine reale Gestalt. Für die Gestalt ist man gleichsam noch immer blind und taub. Blind und taub wird man Wirkungen gewahr. Diese sind dann zwar so überwältigend intensiv, dass man damit innig zufrieden ist, aber die Gewahrwerdung entspricht nicht der Vorstellung einer Erscheinung von Christus in der ätherischen Welt in *einem* Augenblick, als Lichtgestalt, wie sie von Paulus beschrieben wird, der eine solche Erscheinung vor Damaskus erlebt hat.

Weil wir einen bewussten Weg bahnen, den wir durch innere Aktivität und freien Willen selbst gehen müssen, ist es für uns deutlich, dass wir sehr allmählich in das Wahrnehmen der Gestalt, des Wesens, hineinwachsen müssen, denn wir können diese Wahrnehmung nur in dem Maße haben, wie wir uns selbst in eine Läuterung gebracht haben. Es geht nicht um das Resultat, nicht darum, dass man eine völlig gereinigte Seele hat, bevor man diese Erscheinung haben kann. Es geht um den innerlichen Einsatz in der Selbsterziehung.

Man fühlt, dass man ein bestimmtes Maß erfüllen muss und dass auf diese Weise eine hochentwickelte Persönlichkeit sich ebensoviel Mühe geben muss wie eine weniger hoch entwickelte. Es geht gerade um die

Mühe. Wäre dies nicht der Fall, dann würde nur eine hoch entwickelte Seele in einem Notzustand die Hilfe von Christus im Ätherischen erwarten können – und es ist deutlich, dass dies dem Wesen von Christus widerspricht.

Was ist nun die weitere Entwicklung, die wir durchmachen können, nachdem wir bis zu einem gewissen Maße das Vermögen eines denkenden Denkens entwickelt haben, das sich seiner selbst so bewusst ist, dass es auch in der Wahrnehmung mit den Sinnen bewusst aufrecht zu bleiben vermag; eines denkenden Denkens, das in der inneren Konzentration, Meditation, Kontemplation zu einem übersinnlichen Selbstbewusstsein wird?

Durch die Kontemplation des Denkens wird das Denken ganz leibfrei. Dafür muss es von allem Denkinhalt absehen können und als ein denkendes Denken aktiv sein. In gewissem Sinne muss das gewöhnliche Denken sterben, wenn es leibfrei werden will.

In einem der Vorträge über Kunst hat Rudolf Steiner dies in einem Satz zusammengefasst, nämlich:

Erstrebe des Gedankens Ersterben im All.[43]

Wenn man mit Meditation erst beginnt, kann man nicht anders, als sich auf einen solchen Satz zu konzentrieren und ihn dann zu meditieren. Wenn man aber den Entwicklungsschritt erreicht hat, auf dem wir inzwischen angekommen sind, dann kann man auf den Flügeln dieses Satzes auch wirklich im *All* die Gedanken sterben lassen, und mit einer mächtigen Flügelbewegung begibt sich das denkende Denken außerhalb des Leibes.

Hier muss dieses Denken einen anderen Boden finden, als es ihn im physischen Leib durch das Gehirn hat. Das Denken hat dies alles im Leib zurückgelassen, und es braucht einen anderen stabilen Untergrund, um sich außerhalb des Leibes handhaben zu können.

---

[43] Vortrag vom 3.1.1915, GA 275, S. 143.

Da kommt etwas zum Vorschein, was von größter Wichtigkeit ist. Wir haben diesen Entwicklungsschritt nicht erreichen können, wenn wir daran nicht mit aller Kraft gearbeitet haben. Im Kapitel über das Gute und über das Schöne habe ich darüber schon einiges gesagt. Wenn man es sehr konkret macht, dann läuft es darauf hinaus, dass man im menschlichen Willen, im persönlichen Willen, nach einer ebensolchen Umkehr streben muss, wie man sie auch im Denken erstrebt hat. Das heißt, dass man gleichsam lernen muss, mit aller Kraft zu *wollen, was man nicht will.*

Nun ist dieses Nicht-Wollen zu seinem wichtigsten Teil mit dem Schicksal verbunden, mit den Schicksalsschlägen, mit dem Karma. Alles, was einem auf seinem Schicksalsweg begegnet und schwierig ist, leidvoll, was durchgestanden werden muss, ist etwas, was das gewöhnliche Willensleben abweist. Es ist unangenehm, und was unangenehm ist, das will man als Erdenmensch nicht.

Indem man den Weg der Selbsterziehung geht, lernt man bereits, bestimmte Dinge zu wollen, die man vom gewöhnlichen Dasein her niemals wollen würde. Sich zwei- oder dreimal am Tag für eine intensive innere Arbeit aus dem Leben zurückziehen – das würde man vom gewöhnlichen Erdendasein aus nicht wollen.

Nun kommt man so weit, dass man dies mit seinem ganzen Herzen will.

Auch empfindet man sich als Mensch im allgemeinen als den besten Menschen der Welt. Vielleicht nicht im Oberbewusstsein, aber tief innerlich hat jeder Mensch doch ein sehr stark egoistisches Selbstgefühl. Wenn man beginnt, an Veränderungen des Charakters zu arbeiten, dann gibt man damit bereits zu, dass man vollkommener werden kann – und das heißt also, dass man noch nicht vollkommen ist.

Dies ist auch eine Umkehrung im Willen.

Der Wille lebt sich nicht anhand dessen aus, was gewünscht wird, sondern die Wünsche werden in die Hand genommen und in den Wunsch nach Vervollkommnung verwandelt, in den Wunsch, ein Mensch zu werden, von dem die Welt etwas hat.

Diese Willenskräfte sind es, die außerhalb des Leibes bereit sind, einem als denkendes Denken den Untergrund zu geben. Man kann dies jedoch enorm verstärken durch das Bewusstsein, dass alles, was einem als schwierige Schicksalsschläge begegnet, von einem selbst aus der tiefsten Tiefe des eigenen Wesens wirklich so gewollt ist. Man widersetzt sich nicht nur nicht gegen das Schicksal, man erträgt sein Schicksal nicht nur, sondern man *will* dieses Schicksal wirklich selbst.

Das ist gleichsam das Höchste der Willensbekehrung, und Rudolf Steiner hat dies in einen zweiten Satz gefasst, nämlich:

Erstrebe des Schicksals Auferstehung im Ich.

Das Erste, das Ersterben des Denkens im All, haben wir bis jetzt geübt.

Das Zweite hat diese Übung stets begleitet, doch nun wird dies die Hauptsache.

Im weiteren Verlauf des Autoreferats aus dem Band ‚Philosophie und Anthroposophie', aus dem ich im vorigen Kapitel zitiert habe, gibt Rudolf Steiner auf dieselbe kompakte, aber klare Weise wieder, wie die Willensumkehrung zustande kommt und was die Folge davon ist:

‚Die Art des meditativen Lebens, die bisher geschildert worden ist, ergibt das übersinnliche Selbstbewußtsein. Aber dieses müßte ohne alle übersinnliche Umgebung bleiben, wenn neben dieser Art von Meditation nicht eine andere einherginge. Zu deren Verständnis gelangt man, wenn man den selbstbeobachtenden Blick auf die Willenstätigkeit lenkt. Diese ist im gewöhnlichen Leben bewußt auf äußere Verrichtungen gerichtet. Neben dieser läuft aber eine andere Willensäußerung des Menschen, die vom Bewußtsein nur in ganz geringem Maße beachtet wird. Es ist diejenige, welche das menschliche Seelenwesen im Laufe des Lebens von einer Entwickelungsstufe zur andern trägt. Der Mensch ist nicht nur jeden Tag mit einem andern Seeleninhalt erfüllt als an dem vorangehenden; sein Seelenleben ist auch an jedem folgenden Tage aus demjenigen des vorangehenden Tages herausentwickelt. Und das treibende Element dieser Entwickelung ist der Wille, der auf diesem Felde seiner Betätigung zum weitaus größten Teile unbewußt bleibt. Dieser Wille kann aber durch entwickelte Selbstbeobachtung in seiner eigentümlichen Verfassung in das Bewußtsein hereingehoben werden. Und durch dieses Hereinheben gelangt man zur Empfindung eines Wollens, das mit Vorgängen einer sinnenfälligen Außenwelt gar nichts zu tun hat, das vielmehr ganz allein auf die von dieser Außenwelt unabhängige Innenentwickelung der Seele gerichtet ist. Kennt man diesen Willen einmal, dann lernt man allmählich sich in seine Wesenheit so einleben wie in dem oben geschilderten meditativen Erleben in den Zusammenfluß von denkender und wahrnehmender Seelentätigkeit. Aber das Erleben innerhalb dieses Willenselementes erweitert sich zu demjenigen einer übersinnlichen Außenwelt. Das auf die gekennzeichnete Art entwickelte übersinnliche Selbstbewußtsein erlebt sich durch das Versetztsein in dieses Willenselement in einer übersinnlichen Umgebung, die von geistigen Wesenheiten und Vorgängen erfüllt ist. So, wie das übersinnliche Denken zu einem Selbstbewußtsein führt, das sich der an die menschliche Sinnesorganisation gebundenen Erinnerungsfähigkeit nicht bedient, so belebt sich das übersinnliche Wollen in solcher Art, daß es ganz durchsetzt ist von einer vergeistigten Liebefähigkeit. Und diese ist dasjenige, was des Menschen übersinnliches Selbstbewußtsein in den Stand setzt, die übersinnliche Außenwelt wahrnehmend zu erfassen. Die übersinnliche Erkenntnisfähigkeit wird bewirkt durch ein Selbstbewußtsein, das die gewöhnliche Erinnerung ausschaltet und das im intuitiven Erfassen der geistigen Außenwelt durch eine vergeistigte Liebekraft lebt.'[44]

Es ist jene Willenskraft, mit der man bewusst lernt, sein Schicksal wirklich in seiner Totalität ganz und gar zu *wollen*, die zu einer vergeistigten Liebeskraft wird. Und diese vergeistigte Liebeskraft versetzt den meditierenden Menschen in die Möglichkeit, die geistige Außenwelt intuitiv zu erfassen, das heißt, in ihr wirkliches Wesen überzugehen.

Es mag deutlich sein, dass hier die Vorausschau auf ein völlig bewusstes intuitives Erleben des *Wesens* des Christus in der ätherischen Welt liegt.

[44] GA 35, S. 400f.

In anderen Referaten in demselben Band beschreibt Rudolf Steiner wiederholt denselben Prozess, jedesmal in etwas anderen Worten:[45]

‚Mit dem, was man auf diese Art als ein umgewandeltes Selbstbewußtsein erworben hat, läßt sich erst die übersinnliche Wirklichkeit wahrnehmen. Um dies zu können, sind noch andere Seelenverrichtungen notwendig, die sich auf Wollen und Fühlen beziehen, während die bisher gemeinten es mit umgewandelten Wahrnehmungs- und Vorstellungskräften zu tun haben. Wollen und Fühlen beziehen sich im gewöhnlichen Seelenleben auf Wesen oder Vorgänge, die außerhalb des eigenen Seelenlebens liegen. Um die übersinnliche Wirklichkeit in den Erkenntnisbereich zu ziehen, muß die Seele dieselben Betätigungen entfalten, die sonst im Fühlen und Wollen auf Äußeres gehen; diese Betätigungen müssen aber lediglich das eigene, innere Leben ergreifen. Der Mensch muß, um im Übersinnlichen zu forschen, für die Dauer dieser Forschung Wollen und Fühlen ganz von der Außenwelt ablenken und von ihnen nur das ergreifen lassen, was nach den umgewandelten Wahrnehmungs- und Vorstellungskräften im Innern der Seele lebt. Man fühlt nur und durchsetzt nur mit Willensimpulsen, was man als umgewandeltes Selbstbewußtsein durch das zu innerer Anschaulichkeit gesteigerte Denken erlebt. Dadurch aber geht mit dem Seelenleben eine völlige Umwandlung vor sich. Es erlebt sich als geistige Eigenwesenheit in einer wirklichen übersinnlich-geistigen Umwelt, wie sich für das gewöhnliche Bewußtsein der Mensch durch seine Sinne und das an diese gebundene Vorstellungsvermögen in einer sinnlich-physischen Umwelt erlebt.'

Und in einem folgenden Referat:[46]

‚Durch diese Willensentwickelung kommt dann etwas ganz anderes zustande, als durch die Entwickelung des Denkens. Wenn man im gewöhnlichen Leben etwas will, wenn man arbeitet, dringt der Wille gleichsam in die menschlichen Glieder ein. Man sagt: Ich will, man bewegt die Hände; aber nur in dieser Bewegung kommt der Wille zum Ausdruck. In seinem Wesen bleibt er eigentlich unbekannt. Aber man kann, wenn man sich in

---

[45] GA 35, S. 107f.
[46] GA 35, S. 188f.

einer gewissen Weise übt, den Willen loslösen von seinem Verbundensein mit den Gliedern. Man kann den Willen, allein für sich, erleben. Das Denken kann man rege machen, so daß es ein inneres Lebendiges wird, eine Art Ätherleib. Den Willen kann man herausschälen, lostrennen von seinem Zusammenhange mit der Leiblichkeit, und dann erlebt man, daß man in einem noch viel höheren Sinne einen zweiten Menschen in sich hat als beim Denken. Durch die Entwickelung des Willens erlebt man, daß man einen zweiten Menschen in sich hat, der ein eigenes Bewußtsein hat.

[...]

Während man im Schlafe unbewußt wird, nichts weiß von sich und der Umgebung, tritt man dadurch, daß man den Willen in der angedeuteten Art entwickelt hat, bewußt aus seinem Leibe heraus; man schaut den Leib außer sich, so wie man sonst einen äußeren Gegenstand außer sich wahrnimmt. Da merkt man: In dem Menschen lebt ein wesenhafter Zuschauer seines Denkens und Tuns. Das ist kein Bild, kein bildlicher Ausdruck, sondern das ist eine Wirklichkeit. In unserem Willen lebt etwas, was fortwährend uns innerlich beobachtet. Man kann diesen inneren Zuschauer leicht wie etwas bildhaft Gemeintes ansehen; der Geistesforscher kennt ihn als eine Wirklichkeit, wie Sinnesgegenstände Wirklichkeiten sind. Und wenn man diese zwei hat: den beweglichen Denkmenschen, den Äthermenschen, und diesen inneren Zuschauer, dann hat man sich in eine geistige Welt hineingestellt, die man wirklich erlebt, wie man mit den Sinnen die sinnliche Welt erlebt. Man findet so in dem Menschen einen zweiten Menschen, wie man den Sauerstoff im Wasser durch die naturwissenschaftlichen Methoden findet.'

Ein letztes Zitat aus demselben Band:[47]

‚Wie gewisse Anstöße, die man den Seelenerlebnissen gibt, zu dem Erfassen der Willenswirklichkeit im Denken führen, so führen andere Richtungen, in die man die Seelenvorgänge lenkt, dazu, in der Willenstätigkeit verborgene Kräfte zu erleben. Im gewöhnlichen Leben wird eine Willensentfaltung der eigenen Seele nicht so wahrgenommen wie ein äußerer Vorgang. Selbst dasjenige, was man zumeist Selbstbeobachtung auf diesem

[47] GA 35, S. 280ff.

Gebiete nennt, bringt den Menschen durchaus nicht in eine Lage, in der er etwa das eigene Wollen so ansehe, wie er einen äußeren Naturvorgang ansieht. Daß man dieses Wollen sich so gegenüber finden könne, wie man als Zuschauer eine äußere Tatsache gegenüber hat, dazu sind wieder kraftvolle, durch Willkür hervorgerufene Seelenvorgänge notwendig. Werden diese aber in der entsprechenden Art herbeigeführt, dann tritt etwas völlig anderes ein als etwa ein Anschauen des eigenen Wollens in derselben Weise, wie eine äußere Tatsache angeschaut wird. In diesem Anschauen taucht im Seelenleben eine Vorstellung auf, die gewissermaßen ein inneres Abbild der äußeren Tatsache ist. Beim Beobachten des eigenen Wollens erlischt die gewohnte vorstellende Kraft. Man hört auf, in der nach außen gerichteten Art vorzustellen; dafür aber entbindet sich aus den Untergründen des Wollens ein wesenhaftes Vorstellen. Es bricht durch die Oberfläche der Willensbetätigung ein solches wesenhaftes Vorstellen hervor; ein Vorstellen, das mit sich lebendige geistige Wirklichkeit bringt. Zunächst tritt innerhalb dieser geistigen Wirklichkeit die eigene verborgene Geistwesenheit hervor. Man wird gewahr, wie man einen verborgenen Geist-Menschen in sich trägt. Man hat diesen nicht wie ein Gedankenbild in sich, sondern als ein wirkliches Wesen; wirklich in einem höhern Sinne, als es der äußere Leibesmensch ist. Nur tritt dieser Geistmensch nicht so auf, wie äußere sinnlich wahrnehmbare Wesen, die dem Beobachter sich in ihren nach außen sich offenbarenden Eigenschaften darbieten. Er stellt sich vielmehr durch sein Inneres dar, durch Entfaltung einer inneren Betätigung, die ähnlich ist dem Entfalten der Bewußtseinsvorgänge in der eigenen Seele. Nur ist das so entdeckte Bewußtseinswesen nicht wie die im Menschenleibe lebende Seele auf Sinnesdinge gerichtet, sondern auf geistige Vorgänge, zunächst auf die Vorgänge des eigenen bisher entwickelten Seelenlebens. Man entdeckt wahrhaftig in sich einen zweiten Menschen, der als Geistwesen ein bewußter Zuschauer des gewöhnlichen Seelen-Erlebens ist.

[...]

Wie im verwandelten Denken eine Willenswirklichkeit entdeckt wird, so im Willen ein im Geistigen webendes wesenhaftes Bewußtsein. – Und die beiden erweisen sich nun für das weitere Seelen-Erleben als zusammengehörig. Sie werden gewissermaßen auf nach entgegengesetzten Richtungen laufenden Wegen gefunden; ergeben sich aber als eine Einheit. Die Bangnis der Seele, die im Weben in der Willenswirklichkeit erlebt wird, hört auf, wenn sich diese aus dem entwickelten Denken geborene Willenswirklichkeit mit dem gekennzeichneten Bewußtseinswesen verbindet. Und durch diese Verbindung wird der Mensch erst vor die allseitig wirkliche Geistwelt gestellt. Indem diese Verbindung eintritt, hat der Mensch nicht nur das eigene Selbst sich geistig gegenüber, sondern auch Wesenheiten und Vorgänge der geistigen Welt, die außerhalb seines Selbst liegen.'

Rudolf Steiner hat diese Entwicklung des Bewusstseinswesens für sich selbst als einen ‚Umschwung', als eine Umkehr in seinem Seelenleben beschrieben, den er in die Zeit um sein 36. Lebensjahr setzt. In ‚Mein Lebensgang' schließt an diese Periode der Umkehr unmittelbar das Geschehen des ‚Stehens vor dem Mysterium von Golgatha' an.

In Wirklichkeit ist das In-das-Bewusstsein-Treten dieses geistigen Willenswesens, das nicht mit den Bewusstseinsprozessen in Abbildern, sondern mit solchen in Wirklichkeiten zu tun hat, die Einweihung in das intuitive Element. Da erst dringt der geistige Forscher in die wahre geistige Welt vor und vereint sich da mit dem eigenen Wesen und dann mit dem Wesen der geistigen Welt.

Im Rahmen unserer Betrachtungen bedeutet dies ein bewusstes, völlig geistdurchdrungenes Menschsein, das mit den Worten ausgedrückt werden kann: Nicht ich, sondern Christus in mir.

Nun kann es so scheinen, als würde der Weg unkompliziert, ohne Abirrungen verlaufen, als sei es ein gerader Weg, der, wenn man sich nur genügend Mühe gibt, immer gegangen werden kann.
Es ist gewiss so, dass der Weg immer gegangen werden kann, doch gerade ist dieser Weg in keinem Fall.

Wir brauchen Johannes den Täufer, der ruft: ‚Tut Buße, denn das Himmelreich ist nahe herbeigekommen!' (Matthäus 3,2) und: ‚Bereitet den Weg des Herrn und macht eben seine Pfade!' (ebd. und Lukas 3,4).

Wir kennen das Bild des Merkurstabes. So müssen wir uns unseren Entwicklungsweg vorstellen. Eine doppelte Schlange, die eine besteht aus demjenigen, was wir tagsüber an uns selbst arbeiten – dazu gehört auch dieser Entwicklungsweg –, und die andere ist dasjenige, was nachts damit geschieht. Doch täglich sind auch Abweichungen da, und dadurch ist der Weg viel länger, als er es wäre, wenn es einen geraden Weg gäbe.

Diese Abweichungen hängen mit einem Wesen in uns zusammen, das uns auf der einen Seite zeigt, zu was wir durch all unsere Inkarnationen geworden sind – im allgemeinen ist dies nicht ein Bild, das der Mensch gern von sich sieht, es ist also ziemlich viel Selbstlosigkeit nötig, um dieses Bild aufkommen zu lassen –, und auf der anderen Seite hat dieses Wesen, vereint mit dem Bewusstseinswesen, die hohe Aufgabe, als Gewissen, als Wegweiser und auch als Führer zu der Welt hinter der Schwelle zwischen der sinnlichen und der geistigen Welt zu wirken.

Dieses Wesen in uns kennt all unsere Abweichungen, aber zugleich kennt es auch all unsere Wege, diese Abweichungen gutzumachen, sie zu vermeiden und so an unserem Wesen zu arbeiten, damit dieses immer mehr und mehr zu einer vollen Übereinstimmung mit dem eigentlichen höheren Wesen wird.

In diesem Sinne ist der Hüter der Schwelle eine Art Johannes der Täufer für uns, der uns auf uns selbst als ein ‚Otterngezücht' verweist. Dennoch gibt es einen Unterschied in dem Gewahrwerden des Hüters der Schwelle auf dem Weg, wie ihn Rudolf Steiner in ‚Wie erlangt man...?'[48] beschrieben hat, und dem Hüter der Schwelle, wie er uns erscheint, wenn wir unmittelbar die Annäherung an Christus suchen.

In der Schule von Chartres sah man Christus als das Wort und Johannes den Täufer als die Stimme, die das Wort spricht. Seit der Erscheinung von Christus in der ätherischen Welt – und in dieser Epoche leben wir – hat Christus selbst die Herrschaft über unser Schicksal mit sich vereinigt, das heißt, dass man, wenn man den Hüter der Schwelle anschauen würde, *Sein* Urteil sieht. Dies hat zur Folge, dass der Hüter der Schwelle auf eine andere Weise in uns bewusst wird, als in ‚Wie erlangt man...?' beschrieben. An anderen Stellen im Werk Rudolf Steiners finden wir Beschreibungen des Hüters der Schwelle, die mit dem übereinstimmen, was ich nun besprechen will.

Die Annäherung an Christus bedeutet, dass, wenn man immer mehr in seine Nähe kommt, seine Wirkung für einen bemerkbar wird, aber nicht nur im Erleben der Wirkung von dem Königreich Shamballah aus, sondern auch als jene Wirkung, wie Er sie als Herr des Karma für einen fühlbar macht.

Man wird bemerken, dass man – den Weg gehend – empfindsamer

[48] Wie erlangt man Erkenntnisse der höheren Welten? GA 10.

für die Art und Weise wird, in der man sein Leben lebt, in der man mit geliebten Menschen umgeht, die Art, in der man mit anderen Menschen umgeht, mit der man seine Pflichten erfüllt und so weiter. Man tut dies, wie man es immer tut, doch das Bewusstseinswesen strahlt im eigenen Bewusstsein immer mehr die Kontrastwirkungen aus, zwischen dem, wie man sein Leben lebt, und wie Er dieses Leben erlebt.

Das ist natürlich ein immenser Kontrast, es liegt ein Abgrund dazwischen. Das Erleben dieses Abgrundes ist nun genau der Hüter der Schwelle.

Es hängt dann vom eigenen Willen ab, mit dem man die Annäherung an Christus sucht, ob dieses Suchen für einen wichtiger ist als das Aufrechterhalten des Wahnbildes der eigenen Persönlichkeit. Man geht von dem einen labilen Gleichgewicht in ein nächstes labiles Gleichgewicht über. Stabilität findet man nicht, alles ist in Bewegung, und man findet nur in dem Moment einen Ruhepunkt, wo kurz eine Übereinstimmung zwischen dem Höheren und dem Niederen besteht, um dann wieder aus diesem Punkt herausgeworfen zu werden oder selbst herauszufallen.

Einerseits ist der Schmerz über diesen Unterschied sehr groß, andererseits muss man eine Art Gleichgültigkeit in Bezug auf sich selbst und seine Reue entwickeln, wie zuvor beschrieben. Reue hat ausschließlich die Funktion, dass sie den Willen stärkt, es ein nächstes Mal wirklich viel besser zu machen; nicht, dass man in dem Schmerz über die eigene Unvollkommenheit hängen bleibt.

Starke Wirkungen sind es, die einen auf dem Weg begleiten. Man kann sie nur selbst aushalten. Es gehört zu dem Auftrag ‚Erstrebe des Schicksals Auferstehung im Ich!' Man kann dem nicht entkommen, außer wenn man mit dem Weg aufhören würde.

Letztendlich müssen alle Illusionen über die eigene Persönlichkeit fortgestrahlt werden von jenem einen allerhöchsten Wesen, zu dem man die Annäherung sucht und das seinen Herold als Hüter der Schwelle vor sich hersendet.

Wenn man in dem Vermögen zur Imagination zu wachsen beginnt, wird dieser Abgrund auch ein *Bild* formen: das ist der Hüter der

Schwelle, wie Rudolf Steiner ihn in ‚Wie erlangt man...?' beschreibt. Doch als *Wirkung* ist der Hüter immer da, auch ohne Bild. Es entbrennt ein mehr oder weniger heftiger innerer Kampf – weniger, wenn dieser Kampf in vorherigen Leben bereits teilweise oder ganz gekämpft wurde, mehr, wenn man daran noch nicht so sehr viel getan hat. Dass man hier noch überhaupt nichts getan hat, wird nicht vorkommen, denn die Tatsache, dass man sich gerufen fühlt, diesen Weg zu betreten, dass man die Sehnsucht fühlt, Annäherung an Christus zu suchen, bedeutet, dass man einen Teil der eigenen Widerspenstigkeit bereits bezwungen hat.

Nun muss man weitergehen, und das Leben wird wirklich ein Schauplatz dieses Kampfes. Je mehr es einem gelingt, zu der Auferstehung des Schicksals im eigenen Ich zu kommen, desto mehr wird es eine Wirklichkeit, dass man sich mit seinem höheren Ich identifiziert, dass man immer mehr durch und durch ist, was das eigene Schicksal *ist*. Das bedeutet, dass man sein Schicksal sein will. Man weiß, dass dies Seine Wirkung ist. Wenn man die Annäherung an Ihn sucht, wird man Seinen Wirkungen nicht aus dem Weg gehen wollen oder sagen wollen: solche Wirkungen will ich nicht, denn sie fühlen sich nicht angenehm an.

Die glückselige bittersüße Gnade, die von dem Land Shamballah ausstrahlt, geht mit dieser Einswerdung mit den Kräften des eigenen Schicksals einher. Man will sie beschleunigt verwirklichen, und das macht das Leben nicht einfach. Doch man lernt sehen, wie jeder Schritt, den man mit dem eigenen Willen zum Schicksal setzt, einen mehr in Seine Nähe bringt. Sogar die Dinge, von denen man doch ziemlich sicher weiß, dass sie einem außerhalb der eigenen Schuld angetan werden – das sind viel weniger Dinge, als man im gewöhnlichen Leben denkt, aber es gibt sie natürlich dennoch –, lernt man zu wollen, weil man immer mehr gewahr wird, wie man damit dasjenige Wesen in einem, das aller Annäherung an Ihn widerstrebt, in das Wesen umwandelt, das diese Annäherung am allerstärksten ersehnt.

Jeder Mensch wird im Laufe seines Lebens durch die Schicksalsereignisse ein anderer Mensch. Das ist die Funktion des Schicksals. Wer jedoch die Annäherung an Christus sucht, muss diese Umwandlung nicht nur wollen, sondern muss sie in einem Vielfachen wollen und zustande bringen. Man kann sogar so viel Willen entwickeln, dass man tugendsame Eigenschaften zur Entwicklung bringt, für die man keine karmischen Ereignisse braucht, die man also aus vollkommen freier Wahl und freiem Willen heraus zur Entwicklung bringt. Dies tut man mit der Kraft jenes Wesens, das Bewusstseinswesen genannt werden kann. Während man dies tut, wird dieses Wesen natürlich immer mehr bewusst, und man beginnt, die Umwandlung, ihre Kraft, als eine Wirklichkeit gewahr zu werden.

Daneben wird immer sichtbarer werden, was als karmischer Ausgleich der eigenen Taten in der Zukunft auf einen wartet...

Das sind die Kräfte, die dazu führen, dass der Hüter der Schwelle allmählich zur Seite tritt. Die Welt, in der wir leben, wird immer mehr von dem Reich durchdrungen, das nicht von dieser Welt ist...

‚Es lebte Christus einst auf Erden,
Und dieses Lebens Folge war,
Daß er in Seelenform umschwebt
Der Menschen Werden.
Er hat sich mit der Erde Geistesteil vereint.
Die Menschen konnten schauen ihn noch nicht,
Wie er in solcher Daseinsform sich zeigt,
Weil Geistesaugen ihrem Wesen fehlten,
Die sich erst künftig zeigen sollen.
Doch nahe ist die Zukunft,
Da mit dem neuen Sehen
Begabt soll sein der Erdenmensch.
Was einst die Sinne schauten
Zu Christi Erdenzeit,
Es wird geschaut von Seelen werden,
Wenn bald die Zeit erfüllt wird sein.‘[49]

Die Zeit ist erfüllt.

---

[49] Rudolf Steiner, Mysteriendramen, Die Pforte der Einweihung, GA14, S. 28f.

DAS WAHRNEHMENDE DENKEN

Allmählich kommen wir so weit, dass wir ein großes Maß von Beherrschung über das Denken, das Fühlen und das Wollen entwickeln. Sobald das Bewusstseinswesen in das klare übersinnliche Selbstbewusstsein eintritt, hat der Mensch so sehr die bewusste Beherrschung über seine Seele, dass ein nächster Schritt möglich wird.

Wenn wir noch einmal zusammenfassen, bis wohin der Weg zu Christus uns gebracht hat, dann können wir sagen:

Zuerst haben wir eine Selbstbeherrschung im Denken erworben. Wir können immer mehr denken, was wir wirklich wollen, und es gelingt uns dadurch auch, wenn wir uns dazu entschließen, das eigene Denken ganz und gar auszuschalten und ohne Inhalt denkend zu denken.

Das Zweite ist, dass wir unser Erlebensvermögen – das ist das Fühlen – in die Hand bekommen haben. Es gelingt uns, uns aus dem ewigen Kreislauf von Selbstvorwürfen zu befreien, der auf Verletzung des Ego beruht. Wir haben es vermocht, das Gefühl in ein allgemeines Gefühl von Reue zu objektivieren, das angemessen ist, weil der Mensch in der ‚Erbsünde' steht.

Ausgehend von diesem angemessenen Gefühl von Trauer, das ein melancholischer Aspekt unseres Seelenlebens ist, finden wir die Möglichkeit, selbstlos mit unseren Gefühlen von Sympathie und Antipathie umzugehen. Durch die Beherrschung der Verletzung des Ego erreichen wir einen Entwicklungsschritt, auf dem es möglich wird, das Fühlen voll einzusetzen und es gleichsam als ein Sinnesorgan einzusetzen, anhand von objektiver Sympathie und Antipathie.

Sobald das eigene verletzte Selbst darin kein Wort mehr mitspricht, spricht die Welt im Gefühl. Das Gefühlsleben kann sich, gestützt durch ein klar denkendes Denken, buchstäblich mit einem ruhigen Herzen den Gefühlswirkungen der Umgebung hingeben.

Schließlich fanden wir die Beherrschungskraft, die mit jenem Wesen verbunden ist, das tatsächlich alles beherrscht, aber unbewusst. Wir fanden diese Beherrschung dadurch, dass wir einen Prüfungsweg gegangen sind, auf dem der Wille durch alle Schwierigkeiten hindurch lernt, standzuhalten, und das eigene Ich lernt, sich völlig mit diesem Willen zu identifizieren. Das Ich will nichts anderes mehr sein als *dieser Wille.*

So ist dann ein ganzer zweiter Mensch geboren. Nicht nur ein Denkmensch, ein Fühlensmensch oder ein Willensmensch, sondern ein zweiter Mensch mit einem Denken, Fühlen und Wollen, das in einer solchen Weise in Entwicklung ist, dass es die Annäherung an Christus in eine Realität umgeformt hat.

Dieser zweite Mensch kann erst sagen: Nicht ich...

Der erste, gewöhnliche Mensch ist zu ‚schwach-sinnig', zu egoistisch, zu dumpf im Bewusstsein, um zu wissen, was er tut. Erst der zweite Mensch, der aus dem ersten geboren worden ist, nähert sich wirklich Christus.

Dieser Mensch kann sich auch ganz und gar zur Verfügung stellen, ohne die Beherrschung über sich selbst zu verlieren. Man kann sich schließlich sehr gut vorstellen, dass ein unentwickelter Mensch, der noch ganz in dem ersten Menschen steckt, dann, wenn er sich Christus opfern wollte, jenes bisschen Herrschaft über sich selbst aus den Händen geben würde, während er noch überhaupt nicht etwas hat, was der Annäherung entsprechen könnte. Und es stehen dann natürlich Gegenmächte bereit, um die völlig ‚ausgehändigte' Menschenseele in Besitz zu nehmen.

Das ist ein gefährliches Unternehmen. Man kann dies in der Kirche sehr wohl noch immer tun, wo ein heiliges Sakrament gefeiert wird und wo man durch dieses heilige Sakrament sicher sein kann, dass man in dem Opfer und in der Kommunion zuerst sich selbst opfert, um dann Ihn durch die Kommunion in sich aufzunehmen. Das ist ein Vorbote für das, was ich in diesem Buch als einen selbstständigen Entwicklungsweg beschrieben habe, wobei der Mensch gleichsam der eigene Priester ist, der imstande ist, die nötigen sakramentalen inneren Handlungen jedesmal wieder selbst zu verrichten.

Nun steht da neben diesem ersten Menschen der völlig selbst beherrschte zweite Mensch, und dieser Mensch kann einen nächsten Schritt setzen.

Wie schon beschrieben, erwacht eine Möglichkeit, das Denken in der Wahrnehmung gewahr zu werden.

Nun, nachdem das Willenswesen zum Bewusstseinswesen geworden ist, wird es möglich, wirklich ohne Denken wahrzunehmen. Eine Möglichkeit kann gesucht werden, das denkende Denken völlig außerhalb der Wahrnehmung zu halten. Das ist wirklich etwas anderes als das Finden des denkenden Denkens *in* der Wahrnehmung.

Aber gerade indem diese Trennung zustande gekommen ist, indem dasjenige, was im gewöhnlichen Bewusstsein als eine Einheit erlebt wird, nun immer mehr in einer Zweiheit erlebt werden kann, wird es auch möglich, dieses denkende Denken aus der Wahrnehmung herauszuheben und die Wahrnehmung wirklich *als* Wahrnehmung rein in das Bewusstsein dringen zu lassen.

Zuerst hat man nur eine Ahnung von der Möglichkeit dessen. Stellen, die man bei Rudolf Steiner gelesen hat, kommen wieder in die Erinnerung und treten als höheres Wissen zu dieser Ahnung hinzu. Am deutlichsten darin sind bestimmte Vorträge aus dem Band ‚Grenzen der Naturerkenntnis', aber auch ein Vortrag aus dem in der letzten Zeit seines Wirkens gehaltenen Vortragszyklus ‚Das Initiatenbewusstsein'. Am Ende dieses Kapitels gebe ich die wichtigsten Teile als Zitat wieder.

Es geschieht stets so, dass man durch das Lesen bestimmter Passagen bei Rudolf Steiner die Ahnung bekommt und dass man dann im Verlauf der eigenen inneren Entwicklung selbst auf der Schwelle der Verwirklichung solcher Ahnungen steht. Sie sind dann noch immer ein Ahnen, aber ein Ahnen mit Realitätscharakter. In der Folge gelingt es einem dann für Momente, auch wirklich zustande zu bringen, wovon man ahnte, dass es vielleicht einmal möglich sein würde.

Beim Finden des Denkens in der Wahrnehmung hatten wir bereits einen Punkt erreicht, wo das Denken selbst Wahrnehmungscharakter bekam. Man erreichte einen Punkt, wo man zum Beispiel die Farbe Gelb nicht im Sinne eines konstatierenden Gedankens dachte, sondern wo man wirklich das Gelb denken konnte. Nicht über das Gelb, sondern das Gelb selbst. Dann nähert sich das Denken der Vorstellung und wird gleichsam *das Denken selbst Gelb*.

Der zweite Mensch wird Gelb.

Da befindet man sich auf dem Übergang, denn eigentlich hat man dann das Denken an sich verlassen und ist in die *Wahrnehmung mit den Augen* hineingekommen – aber nun nicht physisch, sondern *überphysisch*. Das kann man im Bewusstsein halten, wenn man zur wirklichen Wahrnehmung mit den Sinnen übergeht, wobei man nun nicht danach strebt, sich des Denkens in der Wahrnehmung bewusst zu werden, sondern wobei man nun danach strebt, die Wahrnehmung zu vergeistigen.

Zunächst ist dies am besten mit dem Sehen zu üben. Das Sehen ist die dominierende sinnliche Qualität, und wir brauchen uns dann nicht Mühe geben, dieses Dominierende auszuschalten oder unsere Andacht auf weniger stark hervortretende Sinneseindrücke zu richten. Das können wir tun, wenn wir in diesem geistigen Wahrnehmen bereits etwas geübt sind.

Was im Sehen immer mitspielt, ist der Bewegungssinn, durch den wir alle Formen wahrnehmen können. Das ist teilweise ein Sehen mit dem Auge, durch die Farbunterschiede, durch die die Begrenzung der Form wahrgenommen wird. Aber der Bewegungssinn macht darin immer mit.

Nun können wir dazu kommen, die Blattform, die Farbe des Blattes, den Platz der Blüte, die Farbe der Blüte, die Form der Blume, nicht mehr zu denken, *absolut nicht mehr zu denken*, nur wahrzunehmen, so dass die Wahrnehmung so stark wird, dass ich als zweiter Mensch die Wahrnehmung ganz und gar *werde*. Nichts in mir ist noch ein Gedanke ‚über'. Der ganze Wahrnehmungsinhalt werde ich in meinem zweiten Menschen. Ich werde das Weiß, ich werde das Rot, ich werde das Grün, ich werde das wachsartige Blatt, ich werde die langen, schlingernden Ausläufer der Kletterpflanze. Ich denke sie nicht. Alles, was ich sehe und bewege, die Form und die Farbe, durchdringen meinen zweiten Menschen, so dass er ganz und gar die Gestalt der Wahrnehmung annimmt. In diesem Moment spricht der zweite Mensch ohne Sprache *Das Wort*. Die Pflanze, die ich geworden bin, ist in meinem zweiten Menschen zum Wort geworden, das nicht gesprochen ist, sondern das gestaltet ist.

Eine neue Ahnung steigt auf, und zwar, dass ich als Mensch in Wirklichkeit *immer* so wahrnehme, dass ich dies nur um des Entwickelns der Freiheit willen aus meinem Bewusstsein haben abweisen müssen, wodurch die Illusion entstanden ist, dass ich mein Ich innen habe und dass es eine Welt außerhalb von mir gibt, die sich mir durch Sinneswahrnehmung offenbart.

Der Weg ist lang, aber er ist rund, spiralförmig. Man kann nicht sagen: ich kann die sinnliche Wahrnehmung erst für sich sprechen lassen, nachdem ich diesen ganzen Weg, der in diesem Buch beschrieben ist, zurückgelegt habe.

In Wirklichkeit übt man alle Schritte gleichzeitig und liegt der Fortschritt nicht in der Tatsache, dass man einen nächsten Schritt erreicht, sondern in der Tatsache, dass man die bestehenden Schritte vertieft.

Darin liegt natürlich die Gefahr, dass man nach der ersten Runde meint, alles schon erreicht zu haben. Doch diese Gefahr wird durch die Tatsache bezwungen, dass der Weg immer wieder dazu führt, dass das Bewusstseinswesen immer heller, klarer, immer wirklicher wird. Das ist in Wirklichkeit ein Wesentlichwerden des *Gewissens*. Mit jedem Schritt, mit jeder Runde wird dies mehr ein Gewissen, bis es sich schließlich als Hüter der Schwelle wirklich zeigt. Das ist der Mittelpunkt des Strebens, das Finden des kleinen Hüters der Schwelle, der das eigene Wesen ist und zugleich doch auch der Wegweiser, zusammen mit jenem großen Wesen, das auch der große Hüter der Schwelle genannt wird und zu dem der kleine Hüter den Weg weist.

Es müsste auf diesem Weg daher unmöglich sein, noch zu fallen. Doch diese Unmöglichkeit hängt unmittelbar mit der treuen Übung und dem treuen Studium zusammen.

In unseren Beschreibungen haben wir nun den Punkt erreicht, wo sich das ganze Verhältnis im Erkenntnisprozess umstülpt. Was einmal

Denken war, hat sich in die sinnliche Wahrnehmung umgestülpt, und die eigentliche Position des Ich wird bewusst, nämlich, dass das Ich nicht von innen lebt, sondern dass es in Wirklichkeit im Raum und im Licht ausgebreitet ist. Vom Raum und vom Licht aus ist das Ich *eins* mit den Dingen, die nun als sinnliche Wahrnehmung eine geistige Gestalt annehmen.

Das schöpferische Weltenwort spricht noch nicht mit Worten, aber in Imaginationen. Die Dinge sind nicht mehr, was sie immer gewesen sind. Sie bekommen eine Ähnlichkeit mit dem Denken, aber das Gehirndenken ist völlig vergessen. Es denkt nicht in den Sinnen, sondern die Sinne denken selbst.

Die ursprünglichen ätherischen Bewegungen, die auch den Sinnen selbst zugrunde liegen, beginnen, sich als ätherische Welt in der Welt um uns herum zu bewegen. Man verliert den festen Boden unter den Füßen, der einem die Illusion des Materiellen gibt. Die Grenzen verschwinden, und an ihrer Stelle entsteht eine wesenhafte, sich bewegende Bilderwelt, anfangs noch gehalten von der Formkraft der Sinne.

Weil man diesen Weg als Annäherung an Christus gesucht hat, weiß man, dass alles, was im Ätherischen webt und lebt, von Ihm kommt. Es ist wirklich etwas ganz anderes, ob man in diese sich bewegende ätherische Welt ohne Seinen Halt hineinkommt, oder ob man diese betritt ausgehend von der treuen Verbindung mit jenem Wesen, das in der ätherischen Welt auferstanden ist und das damit allem Ätherischen eine andere Bedeutung, eine neue Auferstehungsbedeutung gegeben hat.

Vom gewöhnlichen Bewusstsein aus steht man einer moralfreien Außenwelt gegenüber: Die Moralität ist da oder nicht da, abhängig von dem, was Menschen tun; im Übrigen aber ist die Welt ohne Moral. – Nun aber wird jede Wahrnehmung von Sinn und Moral erfüllt. Man kann das zu Beginn seiner inneren Entwicklung schon ahnen lernen. Der Eine hat mehr Anlage für ein imaginatives Erleben der Natur als der Andere. Menschen, die viel sehen, die eine starke Anlage haben, mit den Augen wahrzunehmen, haben im allgemeinen auch dazu mehr Anlage, während Menschen, die mehr auf das Hören eingestellt sind, mit der Entwicklung der Imagination mehr Mühe haben, doch dafür haben sie eine stärkere Anlage, in den Formen und Bewegungen in der Sinneswahrnehmung gleichsam hörend vorzugehen und sich so inspirieren zu lassen.

Die ganze Erde und ihre Umgebung ist Leib und Ätherleib von Christus. Es liegt an unserer Verstandesentwicklung – die notwendig ist –, dass wir uns daraus ganz ‚fort-entwickelt' haben. Dadurch fühlen wir uns auf uns selbst gestellt, aber damit haben wir die Vereinigung von Christus mit der Erde nicht mehr im Bewusstsein.

Natürlich sind die Gegenmächte fortwährend am Werk, um unsere Annäherung, unsere *bewusste* Annäherung an Christus zu verderben oder unmöglich zu machen. Um ihr Ziel zu erreichen, schicken sie uns Angst, Antipathie und Zweifel.

Schon im Mittelalter wusste Dante zu erzählen, dass in uns der Nährboden für diese Gegenmächte *unsere innere Faulheit* ist. Er sah dies als die Hauptsünde, als das Zentrum der Sündigkeit, aus dem alles andere Übel hervorgeht.

Das wird auf diesem Weg sehr, sehr deutlich. Man muss innerlich so aktiv werden, dass keine Gegenmacht dies ertragen kann. Luzifer kann es nicht ertragen, denn er findet, dass alles Gute von selbst gehen müsse. Ahriman kann es nicht ertragen, weil er nicht mehr in das Innere hineinkommen kann, wenn der Mensch im Inneren aktiv wird. Er hat nur da Zugang, wo Passivität ist.

Das bedeutet, dass dieser Weg, der hier beschrieben ist, aus einem unendlichen Verstärken der Andachtskräfte besteht, und auf *dessen* Grundlage einem unendlichen Verstärken der Hingabe, die dann nicht mehr passiv sein *kann.* Da hat Ahriman keinen Zugang.

Luzifer hat noch eine Verwandtschaft zur Moralität, er ist schließlich der Bringer einer bestimmten Weisheit und eines bestimmten künstlerischen Sinnes. Er ist der Lichtträger. Aber er inspiriert den Menschen dazu, nicht zu glauben, dass eine selbstständige Annäherung an Christus möglich ist. Darüber hinaus stellt er sich an die Stelle von Christus und bringt die irreführende Idee, dass eine Dualität zwischen dem Guten und dem Bösen bestehe, wobei *er* dann das Gute vertritt und sein Gegenspieler *Ahriman* das Böse.

Christus ist damit von dem Schauplatz der Seele verschwunden.

Die erste Aufgabe ist daher das Überwinden jeglicher inneren Trägheit und Faulheit. Das ist vielleicht das Schmerzlichste an diesem Weg, dass man am Anfang sehr stark mit dieser inneren Faulheit konfrontiert wird, die damit zu tun hat, dass man bequem und angenehm ‚man selbst sein', in sich selbst schwelgen will. Man bemerkt, dass dies überwunden werden muss, und dass es nicht durch Gedanken, Gefühle und Ideale überwunden werden kann. Die Überwindung ist nur durch innere Aktivität möglich, gegen die beide Gegenmächte nichts vermögen.

Hier nun folgen die zwei Zitate Rudolf Steiners über die reine Wahrnehmung.

Aus ‚Grenzen der Naturerkenntnis':[50]

‚Ich habe Ihnen gesprochen von der Konzeption meiner ‚Philosophie der Freiheit'. Diese ‚Philosophie der Freiheit' ist wirklich ein Versuch, in bescheidener Weise es bis zum reinen Denken zu treiben, bis zu jenem reinen Denken, in dem das Ich leben kann, in dem das Ich sich halten kann. Dann kann man, wenn man dieses reine Denken auf diese Weise erfaßt hat, ein anderes anstreben. Man kann dann dieses Denken, das man jetzt dem Ich läßt, dem sich frei und unabhängig in freier Geistigkeit fühlenden Ich überläßt, man kann dann dieses reine Denken von dem Wahrnehmungsprozesse ausschalten, und man kann gewissermaßen, während man sonst im gewöhnlichen Leben, sagen wir, die Farbe sieht, indem man sie zugleich mit dem Vorstellen durchdringt, man kann die Vorstellungen herausheben aus dem ganzen Verarbeitungsprozeß der Wahrnehmungen und kann die Wahrnehmungen selber direkt in unsere Leiblichkeit hineinziehen.

Goethe war schon auf dem Wege. Er hat schon die ersten Schritte gemacht. Man lese im letzten Kapitel seiner Farbenlehre: ‚Die sinnlich-sittliche Wirkung der Farbe', wie er bei jeder Wirkung etwas empfindet, das zugleich tief sich vereinigt nicht bloß mit dem Wahrnehmungsvermögen, sondern mit dem ganzen Menschen, wie er das Gelbe, das Rote als attackierende Farbe empfindet, die gewissermaßen ganz durch ihn durchdringt, ihn

---

[50] Vortrag vom 2.10.1920, GA 322, S. 104.

mit Wärme erfüllt, wie er ansieht das Blaue und das Violette als diejenigen Farben, die einen gewissermaßen aus sich selber herausreißen, als die kalten Farben. Der ganze Mensch erlebt etwas bei der Sinneswahrnehmung. Die Sinneswahrnehmung mit ihrem Inhalte geht unter in die Leiblichkeit und es bleibt gewissermaßen darüber schweben das Ich mit dem reinen Gedankeninhalt. Wir schalten das Denken aus, indem wir also intensiver als sonst, wo wir den Wahrnehmungsinhalt durch die Vorstellungen abschwächen, nun den ganzen Wahrnehmungsinhalt hereinnehmen und uns mit ihm erfüllen.'

Aus ‚Das Initiatenbewusstsein':[51]

‚Aber in diesem lebendigen Weben offenbart sich eben auch wiederum Wesenhaftes.

Da drücken wir nicht aus unserem Gehirn Naturgesetze heraus, sondern da stehen wir einer geistigen, einer spirituellen Wesenheit, eben der Wesenheit Natura gegenüber, die uns sagt dieses, die uns zeigt dieses, die uns reale Mitteilungen macht. Und es wird eine Tatsache, daß man sich über die Tatsachen, die da sind in unserer Umgebung, mit Wesen einer übersinnlichen Welt verständigt. So tritt man eben ein aus dem bloß Abstrakten der Gesetzhaftigkeit der Welt in das Wesenhafte, wo man sich, statt daß man Naturgesetze durch Experiment und Nachdenken zusammenbringt, Wesen einer anderen Welt gegenüberfühlt, die für die Erkenntnis Mitteilungen machen, weil sie das wissen, was wir als Menschen erst lernen sollen.

Und so kommt man hinein auf einem rechten Wege in die geistigen Welten. Man kommt dann dahinter: Würdest du nur Sinne haben, würde nur das Auge mit seinen Sehnerven, die Nase mit ihren Riechnerven, das Ohr mit den Gehörnerven da sein, und würden sich diese Nerven alle bloß verbinden nach rückwärts, so würdest du gar nicht darauf kommen, daß es Sauerstoff, Wasserstoff, Stickstoff und so weiter gibt, daß es alle diese Dinge gibt, die man zwischen Geburt und Tod als Mensch wahrnimmt. Man würde hineinschauen in die Welt der Elemente. Überall würde man Erde, Wasser, Luft, Feuer schauen. Und dasjenige, was als weitere Differenzierung des Festen, Erdigen, des Flüssigen, Wässerigen da wäre, würde einen

[51] Vortrag vom 15.8.1924, GA 243, S. 95ff.

so wenig interessieren wie den Millionär das kleine Geld. Man würde sich einfach nicht dafür interessieren. Als Sinnenmensch wissen wir nichts von der elementarischen Welt. Aber in dem Augenblicke, wo wir dies, was ich erzählt habe, gewahr werden, werden wir auch gewahr, daß ja bei uns als Menschen die Sinnesnerven zurückgehen, sich mehr differenzieren, mehr vervollkommnen, da etwas darinnen noch ausbilden wie Gehirn. Dadurch kommen wir nicht mehr in uns hinein, sondern mehr aus uns heraus, und wir fügen zu dem Wesen der vier Elemente: Erde, Feuer, Wasser, Luft, das andere hinzu, was wir eben sonst lernen zwischen Geburt und Tod.

Aber dieses ganze Gehirn, das sich aufstülpt aus den nach rückwärts gehenden Sehnerven, Gehörnerven und so weiter, dieses ganze Gehirn, das uns so wertvoll ist als Menschen, das hat ja nur eine Bedeutung zwischen Geburt und Tod. Was da in der Schädeldecke drinnen noch besonders aufgestülpt ist beim Menschen, hat nur eine Bedeutung für das irdische Leben. Das Gehirn ist das Allerunbedeutendste für die geistige Welt. Daher muß man schon das Gehirn wieder ausschalten, wenn man nur in die erste Welt, die an die unsere angrenzt, hineinkommen will. Das Gehirn muß man ausschalten. Das ist ein furchtbar störendes Organ für die höhere Anschauung. Und man muß mit dem ausgeschalteten Gehirn gleich wiederum in den Sinnen leben, aber jetzt in die Sinne hineindrücken das erweckte Spirituelle; dann bekommt man die Imagination. Die Sinne nehmen sonst Sinnesbilder wahr in der äußeren physischen Welt und die setzt das Gehirn um in die abstrakten Gedanken, in diese toten, abstrakten Gedanken. Schaltet man das Gehirn aus, lebt man wiederum in den Sinnen, dann empfindet man alles wiederum in Imaginationen. Das wird man gewahr. Dann eben weiß man auch, daß das Untertauchen in tiefere Lebenszustände verbunden ist mit dem Entwickeln höherer geistiger Bewußtseinszustände, als wir sie im gewöhnlichen Leben haben.

Unsere Sinne, die ja an unserer Oberfläche sind, Auge, Ohr, die nehmen fortwährend diese Welt wahr. Da stehen wir, meine sehr verehrten Anwesenden. Unsere Sinne, die an unserer Oberfläche sind, die schauen diese elementarische Welt. Die schauen auch noch die Toten darinnen, Jahre nachdem sie gestorben sind. Daß das alles ausgelöscht ist, das rührt davon her, daß hinter den Sinnen das Gehirn ist. Jetzt stehe ich da mit meinem Gehirn, meinen Sinnen. Dieser Mensch, der an meiner äußeren Oberfläche liegt, der schaut darinnen die geistige Welt, der schaut darinnen die Toten in den Jahren nach dem Tode. Aber mein Gehirn, das löscht das alles aus, löscht aus Erde, Wasser, Feuer, Luft; und ich schaue hin auf das, was in scharfen Konturen da ist als physische Welt, was nur da ist für die Welt, die ich zwischen Geburt und Tod durchlebe. Es ist eine Welt da ganz anderer Art. Ich lösche sie durch mein Gehirn aus und schaue auf die Welt, die eben dem Menschen als die Welt des gewöhnlichen Bewußtseins bekannt ist.'

DIE VERSTORBENEN

Mit dem Lebendigwerden der Wahrnehmung der Außenwelt wird auch die Welt der Verstorbenen eine Welt von Lebenden.

Dank der Anthroposophie, dank ihres Studiums, ist das Bewusstsein, dass jemand, wenn er gestorben ist, noch immer *da* ist, natürlich längst anwesend. Ja sogar der feste Glaube daran ist anwesend, ein Glaube, der auf dem Wahrheitsgehalt der zusammenhängenden Ideen beruht, die man in der Anthroposophie findet. Es ist keine Lehre. Anthroposophie ist eine Darstellung, die so ist, dass durch die Konsistenz und den Zusammenhang der Ideen und Begriffe – durch die es ein harmonisch schließendes, lebendiges Ganzes ist – etwas entsteht, was man einen festen Glauben nennen könnte.

Je stärker dieser Glaube wird, desto realer auch die Ahnung der Anwesenheit der Verstorbenen. Aber dies ist doch noch etwas anderes als die konkrete Wahrnehmung.

Die Umwandlung des Bewusstseins, das Bewusstwerden des Willenslebens als Bewusstseinswesen, lässt einen immer mehr gewahr werden, dass die Verstorbenen bei einem sind und dass sie aktiv sind, dass sie Impulse haben, dass ihre Liebe nicht gestorben ist. Aber man muss sich darauf einstellen, und das vergisst man nur allzu leicht.

Sie erscheinen nicht von sich aus. Im gewöhnlichen Bewusstsein wird man sie nicht gewahr. Im metamorphosierten Bewusstsein wird man sie auch nur dann gewahr, wenn man sie gleichsam ruft, nicht so sehr bei ihrem Namen, sondern bei ihrem Wesen. Je mehr man in einem aktiven Denken fortgeschritten ist, desto besser gelingt es, in dem Wesenhaften zu denken. Das ist das wirkliche intuitive Denken, das nicht in Worten verläuft, nicht in zusammenhängenden Begriffen, sondern in wirksamen Essenzen.

So kann man in einem umfassenden Denk-Gefühl-Willens-Impuls einen geliebten Verstorbenen gleichsam zusammenfassen, und in dem Moment, wo man dies tut, wird er meistens auch wirklich für einen und vor einem sein. Man kann lernen, dies zu *erleben*, und in den

Runden der eigenen Entwicklung kann man erwarten, dass man auch die Sprache der Verstorbenen kennen lernen und dann sogar auch sprechen lernen wird.

Es können niemals irdische Worte sein. Es müssen auch *Wesenhaftigkeiten* sein, durch die man kommuniziert. Ein übersinnliches Denken mit dem Bewusstseinswesen bringt die Verstorbenen in das Bewusstsein, insoweit es gelingt, sich ihres Wesens bewusst zu werden. Wenn man dann lernt, seine Fragen oder seine Mitteilungen an sie auch in wesentliche Essenzen zu hüllen, wird man es mehr und mehr vermögen, zu einer bewussten Kommunikation zu kommen.

DER GROSSE HÜTER DER SCHWELLE

Die Annäherung an Christus ist wirklich die Annäherung an den Großen Hüter der Schwelle.

Das Finden des Zuganges zu dem Land von Shamballah bedeutet natürlich nicht nur eine permanente Glückseligkeit. Es ist eine Aufgabe damit verbunden, die bis in die Ewigkeit reicht, wobei *Ruhe* ein Prinzip wird, das zwar *innerlich* etwas Bleibendes ist, das aber *äußerlich* gesehen in Bezug auf die Aktivität eigentlich ganz vergessen werden muss.

Die Faulheit (acedia) kann als die Hauptsünde gesehen werden, aus der alle anderen Untugenden hervorgehen.[52] In diesem Zusammenhang ist dies auch wirklich dasjenige, was fundamental überwunden werden muss. Und die Tugend wird etwas, was zu tun hat mit einem fortwährend aktiven Sich-Verbinden mit der Aufgabe, so vielen Menschen wie möglich den Weg zu dem *Herrn des Landes Shamballah* zu weisen. Natürlich kann niemand als Führer dienen, der nicht selbst den Weg *weiß* und diesen Weg sogar auch *gegangen* ist. Hat man diesen Weg einmal gefunden und ist man diesen bis zu dem Durchdrungenwerden mit der Wirkung von Christus in der ätherischen Welt gegangen, dann hat man sich mit dem Großen Hüter der Schwelle verbunden, der einen auf das Erdendasein und auf die Notwendigkeit weist, auf Erden für das Allgemeinwerden des Schauens von Christus im Ätherischen und für das Bilden einer Gemeinschaft von Menschen zu wirken, die die Impulse des Großen Hüters der Schwelle in sich tragen

In den Vorträgen über das bevorstehende Geschehen der Erscheinung von Christus in der ätherischen Welt gab Rudolf Steiner im Jahr 1910 mehrmals an, dass, wenn der Mensch dieses Geschehen sucht, es während seines Erdenlebens aber nicht finden kann, es ihm in jedem Fall gegeben sein wird, diese Erfahrung beim Sterben noch

[52] Siehe hierzu auch meinen Aufsatz über ‚Die sieben Hauptsünden', wie sie schon Dante in seiner ‚Divina Commedia' beschrieb. In: Gegenwart 1/2010, im Internet zu finden.

zu haben. In Christo morimur. Das ist es, was das Sterben wird, wenn man auf Erden für die Erscheinung von Christus in der ätherischen Welt gelebt hat.

Steiner beschreibt dann auch, dass Christus selbst nach dem Sterben auf uns wartet. *Er* steht da nach dem Tod und zeigt uns, was wir aus unserem Erdenleben gemacht haben. Und wenn wir im Leben nach Ihm gesucht haben, dann ist Er die größte Gnade. Haben wir unser Leben geführt, ohne an Ihn zu denken, oder sogar, indem wir ihn abgewiesen haben, dann erleben wir Ihn als den allerstrengsten Richter. Dies ist es, was Rudolf Steiner hinzufügt, als eine Folge des Erscheinens von Christus im Ätherischen. Der Große Hüter der Schwelle steht hinter der Schwelle des Todes. Je mehr man ihn auf Erden gesucht und ihm gedient hat, desto großartiger ist die glückselige Gnade beim Tod. So kann man auf eine neue Weise Sokrates folgen, der seine Freunde, kurz bevor er den Giftbecher trank, darauf hinwies, dass es doch töricht wäre, wenn ein Mann, der sein ganzes Leben nach dem Reich des Todes im Sinne der höheren Weisheit gestrebt hat, Angst hätte, dieses Reich zu betreten.

Das ist der große Trost, der uns gegeben wird, dieses Bewusstsein, dass alle Mühe, die wir uns auf Erden geben, um Ihn zu finden, im Tode in jedem Fall Erfüllung findet.

Aber wir brauchen nicht auf den Tod zu warten, Er ist schon jetzt da – und dieses Buch beschreibt gerade die Annäherung an Ihn während des Lebens. Rudolf Steiner beschreibt das Stehen vor Christus nach dem Tod großartig:[53]

‚Aber man kann diese neue Offenbarung auch noch in anderer Weise charakterisieren. Da müssen wir allerdings Rücksicht nehmen auf das, was eintritt, wenn der Mensch durch die Pforte des Todes geht. Was jetzt gesagt werden muß, ist eine Sache, die bisher noch nicht in den Büchern dargestellt werden konnte.

Wenn der Mensch durchgegangen ist durch die Pforte des Todes und

---

[53] Das esoterische Christentum und die geistige Führung der Menschheit, GA 130, S. 165ff, Vortrag vom 2.11.1911.

durchlebt hat jene Zeit, in welcher er Rückschau halten kann auf das bisherige Erdenleben, durchlebt hat die Zeit bis zu dem Punkt, da er den Ätherleib abgelegt hat, wenn der Mensch übergeht in die Kamaloka-Zeit, dann tritt er vor zwei Gestalten hin. Gewöhnlich wird nur eine von diesen erwähnt, aber wir können der Vollständigkeit halber sagen – und was ich jetzt erzähle, ist für jeden wahren Okkultisten eine reale Tatsache –: Es tritt der Mensch vor seiner Kamaloka-Zeit vor zwei Gestalten hin. Allerdings, was ich jetzt erzähle, gilt nur für die Menschen des Abendlandes und für alle diejenigen Menschen, welche mit der Kultur dieses Abendlandes in den letzten Jahrtausenden einen Zusammenhang gehabt haben. Da tritt der Mensch nach seinem Tode zwei Gestalten gegenüber: Moses ist die eine – der Mensch weiß ganz genau, daß er Moses gegenübertritt –, der ihm vorhält die Gesetzestafeln, im Mittelalter nannte man es ‚Moses mit dem scharfen Gesetz', und der Mensch hat ganz genau in seiner Seele das Bewußtsein, inwiefern er bis in das Innerste seiner Seele abgewichen ist von dem Gesetz. Die andere Gestalt ist diejenige, die man nennt ‚den Cherub mit dem feurigen Schwert', der da entscheidet über diese Abweichung. Das ist ein Erlebnis, das der Mensch hat nach dem Tode, so daß wir in unserem geisteswissenschaftlichen Sinne sagen können: Das was da dem Menschen entgegentritt durch diese zwei Gestalten, durch Moses mit dem scharfen Gesetz und durch den Cherub mit dem feurigen Schwert, es stellt gewissermaßen das karmische Konto fest.

Diese Tatsache geht in unserer Zeit einer Änderung entgegen. Und das ist eine bedeutsame Änderung. Man kann diese Änderung dadurch ausdrükken, daß man sagt: Es wird in unserem Zeitalter der Christus der Herr des Karma für alle diejenigen Menschen, die das eben Besprochene nach ihrem Tode durchgemacht haben. Es tritt der Christus sein Richteramt an.

Stellen wir uns diese Tatsache genauer vor! Wir wissen ja alle aus der geisteswissenschaftlichen Weltanschauung, daß wir ein karmisches Lebenskonto haben, daß wir für gewisse Taten, die auf der einen Seite unseres karmischen Kontobuches stehen, für alle gescheiten Taten, für alle schönen Taten, für alle guten Taten einen gewissen karmischen Ausgleich zu erfahren haben, aber auch für alle bösen, häßlichen, unwahren Taten und Gedanken. Es kommt nun auf der einen Seite darauf an, daß der Mensch im weiteren Verlaufe seines Erdenlebens für sich selber dieses karmische Konto auslebt, aber es kommt auch darauf an, daß der Mensch dasjenige, was er ausleben kann dadurch, daß er gute Taten, schöne Taten auf seinem karmischen Konto hat, oder was er ausleben muß, weil er böse Taten hat, in den verschiedensten Taten ausleben kann. Es ist nicht eindeutig bestimmt, wie wir, sagen wir, den Ausgleich durch diese oder jene Tat in unserem künftigen Leben finden. Nehmen wir an, irgendein Mensch hätte dieses oder jenes Böse getan, so muß er ein Gutes tun, welches ausgleicht das Böse. Aber dieses Gute, das kann er in zweifacher Weise tun, so daß es vielleicht für ihn die gleiche Anstrengung bedeutet, wenn es nur wenig Menschen zugute kommt oder so, daß es für ihn die gleiche Anstrengung bedeutet, wenn es vielen Menschen zum Heile gereicht. Daß unser karmisches Konto in der Zukunft so ausgeglichen wird, das heißt in eine solche Weltordnung hineingestellt wird gegen die Zukunft, wenn wir den Weg zum Christus gefunden, daß die Art unseres karmischen Ausgleiches das größtmöglichste Menschenheil für den Rest der Erdenentwickelung hervorrufe, das wird die Sorge sein dessen, der von unserer Zeit an der Herr des Karma wird, es wird die Sorge Christi sein.

Mit dieser Übertragung des Richteramtes über die menschlichen Taten an den Christus ist aber verknüpft, daß dieser Christus auch unmittelbar eingreift in die menschlichen Geschicke. Nicht in einem physischen Leib, aber deshalb doch für diejenigen Menschen, die sich immer mehr und mehr die Fähigkeit erwerben werden, daß sie wahrnehmen können diesen Christus, für die wird der Christus eingreifen in die Geschicke der Erdenmenschheit.'

ANTHROPOSOPHIA

Sophia ist das griechische Wort für Weisheit. Sie haben alle Philosophen gesucht.

Es ist ein Merkmal der modernen Zeit, dass die Philosophie als ein *Fach* angesehen wird, als eine Wissenschaft und nicht mehr als eine reale Suche nach einem umfassenden geistigen *Wesen*, nämlich der Weisheit.

Die Geisteswissenschaft Rudolf Steiners gibt uns die Möglichkeit, dieses Wesen Sophia wirklich als Wesen kennenzulernen, wenn auch zunächst natürlich immer in der Form von Wissen und noch nicht in der Form einer Begegnung mit jenem Wesen.

Wir müssen uns vorstellen, dass es, der Erdenentwicklung vorausgehend, zuerst eine Entwicklung gegeben hat, wo die Anlage eines physischen Leibes zustande kam (Alter Saturn), dass danach eine zweite Entwicklungsphase – man könnte sagen Verkörperung – der Menschheitsentwicklung kam, die dann die Alte Sonne genannt wird, wo der Ätherleib angelegt wurde. Die dritte Phase ist die Phase des Alten Mondes, wo der Astralleib oder die Seele angelegt wurde, mit aller Sehnsucht und allem Verlangen, die dieser Seele eigen sind, aber auch in einer Vollendung der Weisheit der Seele.

So würde man sagen können, dass am Anfang der Erdenentwicklung Eva die ideale Entwicklung der Seele darstellt. Sie ist die allumfassende Weisheit, und sie kommt auf zwei verschiedene Arten in der Menschheitsentwicklung auf Erden zur Erscheinung.

Das Erste ist – und wir müssen dies als Bild, aber auch als Wirklichkeit auffassen, nur nicht als die Wirklichkeit unseres banalen Menschentums – die ‚Ehe' von Eva, das heißt der Alte Mond mit den Elohim, das heißt den Geistern der Form, die auf Erden die Anlage für das Ich geben werden. Aus dieser Verbindung entsteht der Mensch, der praktische Mensch, der Mensch, der imstande ist, mit den Kräften der Erde umzugehen. Das ist Kain.

Einer der sieben Elohim ist Jahwe. Dieser schafft den Menschen, ohne eine ‚Ehe' dafür nötig zu haben, wie in der Genesis beschrieben. Er schafft Adam.

Adam geht eine Verbindung mit Eva ein, das heißt, der Erdenmensch vereint sich mit der Seele, wie sie bis zur Entwicklung des Alten Mondes geworden ist. Sie bringen einen Sohn hervor, Abel.

Abel kann als der Träger der reinen göttlichen Weisheit angesehen werden. Kain muss als der Träger der Weisheit betrachtet werden, mit der die Erde bearbeitet werden kann; es ist die mit Sachverstand verbundene Weisheit.

Die Tempellegende erzählt von der unterschiedlichen Weisheit König Salomos und der praktischen Weisheit seines Baumeisters Hiram Abiff. Hier wird die Zwietracht zwischen Kain und Abel erneut dramatisch geschildert. Die Königin von Saba, die sich mit Salomo verlobt hat, bevor sie Hiram begegnet ist, verliebt sich unmittelbar in diesen, als sie seine magische Kraft gewahr wird, die die Erdenkräfte zu bearbeiten versteht.

Dieser Zwiespalt wird erst unter dem Kreuz von Golgatha zu einer harmonischen Einheit gebracht.

Eva, die als die Weisheit des Astralleibes, wie sie vor dem Erdendasein bestand, angesehen werden muss, ist unter dem Kreuz Maria-Sophia, die die Weisheit ist, die zum Erdendasein gehört. Sie steht neben Johannes, der in sich die Vereinigung von Kain und Abel ist.[54]

Christus am Kreuz gibt Johannes den Auftrag, Maria-Sophia als Mutter anzusehen. Rudolf Steiner deutet dies als die Aufgabe, das Sophia-Wesen in sich aufzunehmen – und das Johannes-Evangelium zu schreiben.

Rudolf Steiner beschreibt in seinen Vorträgen über das Johannes-Evangelium im letzten Vortrag zwei Wege für die Seele, um Sophia zu werden, die reine Weisheit der Seele, die diese Seele auf Erden vollkommen *werden* kann.

---

[54] Siehe auch meinen Aufsatz „Die Frage nach Wundern und solchen, die nicht sein können...", Der Europäer Dez./Jan. 2009/2010.

Der eine Weg ist der Weg des Johannes-Evangeliums selbst, gekrönt von den sieben Meditationen des Leidensweges, doch dafür müsste sich der Mensch aus der Welt zurückziehen, weil es notwendig ist, sich dann wirklich ganz in die verschiedenen Stufen einzuleben und nicht vom Alltagsleben verunreinigt zu werden.

Der andere Wet ist der Weg der Entwicklung, wie sie in diesem Buch beschrieben ist. Dies ist der Weg der Rosenkreuzer, in eine Metamorphose gebracht und zur Anthroposophie geworden. Es ist der Weg der Entwicklung eines reinen, lebendigen, organischen denkenden Denkens. Hat der Mensch dies erreicht – und das ist wirklich ein Schritt, der konkret gesetzt wird –, dann ist die Seele in Sophia metamorphosiert. Rudolf Steiner gibt an, dass dieser Weg gegangen werden kann, indem man in richtiger Weise das organische Denken der ‚Philosophie der Freiheit' verwirklicht.
Sophia muss in jeder Menschenseele geweckt werden, sie ist die aktive Erkenntnis, die Aktivität des Denkens, worin sie leben kann, als lebendige Weisheit einströmen kann.

> ‚Ich muss Maria sein und Gott in mir gebären, soll er mir ewiglich die Seligkeit gewähren.'[55]

Die Seele muss wirklich selbst Maria-Sophia werden.

In meinem Buch ‚Suche das Licht...' habe ich schon auf eine mehr elementare Weise Schritt für Schritt den Weg zu diesem Sophia-Werden der Seele angegeben. Es ist inzwischen einundzwanzig Jahre später, und ich schreibe dies nun von einem weiter entwickelten Bewusstsein aus, wodurch ich das Geschriebene konkreter in Übereinstimmung mit der Suche nach Christus in der ätherischen Welt bringen kann. Sophia ist die Weisheit.

Die Seele kann zur Sophia umgeformt werden, aber was ist dann Anthroposophia?

---

[55] Angelus Silesius (1624-1677).

In *‚Suche das Licht...'* habe ich Anthroposophia als das totale Erleben dessen beschrieben, was bis zu diesem Moment entwickelt ist: das denkende Denken.

Man kann auch sagen: Nachdem das denkende Denken entwickelt wird, muss diesem das Bewusstsein des Willenswesen hinzugefügt werden.
Dann erst findet das denkende Denken die Erfüllung.

Wenn sie, Sophia, sich mit Ihm, Anthropos, vereinigen kann, findet man bewusst das Wesen Anthroposophia.

In einem Notizbuch von 1924 schrieb Rudolf Steiner (möglicherweise für Ita Wegman, die Notiz wurde in ihrem Nachlass gefunden):[56]

‚In dir lebt das Menschenwesen
Das Gott von Angesicht zu Angesicht schauet, das ewig ist,
Und das im Kreise der sieben großen Geister ist.

Es ist über allem, was in dir
zornig oder furchtsam ist.

Es herrschet mit den Kräften der obern Welt
Und ihm dienen die Kräfte der untern Welt.

Es verfügt über sein eigenes Leben und seine
eigene Gesundheit und kann das auch bei andern.

Es kann durch nichts überrascht; von keinem Missgeschick
befallen werden; es kann nicht in Verwirrung gebracht und
nicht überwunden werden.

Es kennt die Wesenheit des Vergangenen, Gegenwärtigen
und Zukünftigen.

---

[56] Seelenübungen, Band II, GA 268, S. 107.

Es hat das Geheimnis der Erweckung vom Tode und von der Unsterblichkeit im Besitz.'

Das, und nicht weniger als das, ist Anthropos. Aus diesen Worten mögen wir entnehmen, dass in jedem Menschen dieses eigentliche Menschenwesen das Urbild ist.

Dies bleibt im Unterbewussten, aber das Bewusstseinswesen ist davon eine Wirkung.

Wenn die verwirklichte Erdenweisheit, das denkende Denken, sich mit dem *Menschenwesen* verbindet, dann wird der Mensch sich allmählich dieses Menschenwesens bewusst.

Das denkende Wollen wird allmählich zum Auferstehungsleib und verbindet sich mit dem denkenden Denken.

DER WEG, DIE WAHRHEIT UND DAS LEBEN

Nie wird man bei einem Thema wie diesem das Erleben haben, dass alles aufgeschrieben ist, was von Wichtigkeit ist. Es bleibt eine sehr unvollkommen stammelnde Äußerung über den Weg, den der Mensch gehen kann, der die Annäherung an Christus sucht – nicht in einem kirchlichen Zusammenhang, sondern in einer selbstständigen inneren Entwicklung.

Das Ich muss so gestaltet werden, dass es zum Heiligen Gral wird, in den Christus selbst sich ausgießen will.

Rudolf Steiner hat die verschiedenen Durchdringungen mit den Wesensgliedern von Jesus von Nazareth beschrieben und hat Beispiele von Menschen gegeben, die eine solche Durchdringung haben erfahren dürfen:[57]

‚Als sich vollzogen hatte das Ereignis von Golgatha, da war etwas geschehen mit dem Ätherleibe und dem Astralleibe des Jesus von Nazareth: durch die Kraft des innewohnenden Christus wurden sie vervielfältigt, und in der geistigen Welt waren seitdem vorhanden viele, viele Abbilder des Astralleibes und des Ätherleibes des Jesus von Nazareth. Und diese Abbilder wirkten fort.

Wenn eine menschliche Individualität aus geistigen Höhen herabsteigt ins physische Dasein, umkleidet sie sich mit einem Ätherleibe und einem Astralleibe. Dann aber, wenn in geistigen Welten so etwas vorhanden ist wie die Abbilder des Ätherleibes und Astralleibes des Jesus von Nazareth, dann geschieht für die Menschen, in deren Karma es liegt, etwas ganz Besonderes. Wenn das Karma einer Individualität es zuließ – nachdem das Mysterium von Golgatha vollzogen war –, so wurde ihr ein Abbild des Ätherleibes oder des Astralleibes des Jesus von Nazareth einverwoben. So war es in den ersten Jahrhunderten unserer Zeitrechnung, zum Beispiel bei Augustinus der Fall. Als diese Individualität herunterstieg aus geistigen

[57] Das Prinzip der spirituellen Ökonomie, GA 109, S. 112 ff.

Höhen und sich umkleidete mit einem Ätherleib, da wurde ihrem Ätherleib ein Abbild einverwoben vom Ätherleibe des Jesus von Nazareth. Ihren Astralleib und ihr Ich hatte sie für sich, hatte aber einverwoben in den Ätherleib ein Abbild des Ätherleibes des Jesus von Nazareth.

So übertrug sich das, was umhüllt hatte den Gottmenschen von Palästina, auf andere Menschen, die nun den Einschlag dieses großen Impulses weitertragen sollten in die übrige Menschheit hinein. Weil Augustinus angewiesen war auf sein eigenes Ich und seinen eigenen Astralleib, war er all dem Zweifel, all den Schwankungen, den Irrungen ausgesetzt, welche er schwer überwinden konnte; sie kamen aus diesen noch unvollkommenen Teilen seiner Wesenheit. Alles, was er durchgemacht hat, hat er durchgemacht durch sein irrendes Urteil und die Irrtümer seines Ich. Aber als er sich durchgerungen hatte, als sein Ätherleib zu wirken begann, da stieß er auf die Kräfte, die ihm einverwoben waren aus dem Abbilde des Ätherleibes des Jesus von Nazareth in seinem Ätherleibe. Und jetzt wurde er derjenige, der einen Teil der großen Mysterienwahrheiten dem Abendlande verkündigen konnte. So gab es viele derjenigen, die wir als die großen Träger des Christentums im Abendlande kennen, die berufen waren, das Christentum fortwirken zu lassen im 4., 5., 6. bis 10. Jahrhundert, denen aufgehen konnten die großen Ideen, die vorbildlich waren, die einverwoben gehabt haben in ihrem Ätherleib ein Abbild des Ätherleibes des Jesus von Nazareth. Daher konnten ihnen aufgehen die großen Visionen, die großen vorbildlichen Ideen, die dann ihre Ausgestaltungen gefunden haben bei den großen Malern und Bildhauern.

Wie sind sie entstanden, diese vorbildlichen Typen für die Bilder, die noch jetzt uns erfreuen? Diese entstanden, als durch das einverwobene Abbild des geheiligten Ätherleibes des Jesus von Nazareth bei den Menschen des 5., 6., 7. und 8. Jahrhunderts unserer Zeitrechnung die großen Erleuchtungen kamen, mit einem Inhalt des Christentums, zu dem man nicht brauchte historische Überlieferungen. Zu dem Inhalt der Lehre von dem Christus erhielten sie einverwoben ein Abbild des Ätherleibes des Jesus von Nazareth, und sie brauchten keine historische Überlieferung der Tatsachen des Christentums; sie wußten aus innerer Erleuchtung, daß der Christus lebt, weil sie einen Teil des Jesus von Nazareth in sich trugen. Sie wußten es ebenso, wie Paulus es wußte, daß der Christus lebt, als er in dem spiritualisierten, lodernden Himmelsfeuer die Christus-Erscheinung sah. Hatte der Paulus sich bekehren lassen bis dahin durch das, was über die Ereignisse in Palästina zu erzählen war? Keines der Ereignisse, die man ihm hat erzählen können, war imstande, aus dem Saulus einen Paulus zu machen, und dennoch ging der wichtigste Impuls für die äußere Ausbreitung des Christentums von Paulus aus, durch ihn, der ungläubig blieb gegenüber den Erzählungen auf dem physischen Plan, aber der gläubig wurde durch ein okkultes Ereignis, das in der spirituellen Welt sich vollzog. Sonderbar nehmen sich die aus, die ein Christentum haben wollen ohne spirituelle Erleuchtung! Denn niemals würde das Christentum sich in der Welt ausgebreitet haben ohne die spirituelle Erleuchtung des Paulus. Einem übersinnlichen Ereignis verdankt die äußere Ausbreitung des Christentums ihr Dasein.

Und wiederum pflanzte sich das Christentum fort in späterer Zeit durch diejenigen, die in der geschilderten Weise in innerer Erleuchtung den Christus erleben konnten, auch den historischen Christus erleben konnten, weil sie in sich trugen, was als Rest geblieben war von dem historischen Christus und seinen Hüllen. Im 11., 12., 13. und 14. Jahrhundert erhielten andere Menschen, wenn sie durch ihr Karma dazu berufen und reif waren, Abbilder einverwoben des Astralleibes des Jesus von Nazareth. Solche Menschen, die in sich trugen Abbilder des Astralleibes des Jesus von Nazareth, waren zum Beispiel Franz von Assisi, Elisabeth von Thüringen und andere mehr. Ohne diese Kenntnis ist für uns zum Beispiel das Leben des Franz von Assisi und der Elisabeth von Thüringen unverständlich. Alles, was uns heute so sonderbar erscheint im Leben des Franz von Assisi, rührt daher, daß das Ich des Franz von Assisi das menschliche Ich dieser menschlichen Individualität war; aber all die Demut, Hingabe, Inbrunst, die wir so bewundern an Franz von Assisi, sie rührt davon her, daß ihm einverwoben war in seinem Astralleib ein Abbild des Astralleibes des Jesus von Nazareth. Manchen andern Persönlichkeiten dieser Zeit war einverwoben ein solches Abbild. Sie werden uns zu Vorbildern, denen wir nachstreben, wenn wir dies wissen. Derjenige, der der Sache auf den Grund geht, wie sollte der verstehen das Leben der Elisabeth von Thüringen, wenn er nicht wüßte, daß ihr einverwoben war ein Abbild des Astralleibes des Jesus von Nazareth? Viele, viele waren durch diese fortwirkende Christus-Kraft dazu berufen, diesen mächtigen Impuls in die Nachwelt zu tragen.

Aber noch etwas anderes war erhalten geblieben für noch spätere Zeiten:

unzählige Abbilder des Ich des Jesus von Nazareth sind erhalten geblieben. Sein Ich war zwar aus den drei Hüllen verschwunden, als der Christus darin einzog, aber ein Abbild, ein durch das Christus-Ereignis noch erhöhtes Abbild ist vorhanden geblieben, und dieses Abbild des Ich, das ist unendlich vervielfältigt. In diesem Abbilde des Ich des Jesus von Nazareth haben wir etwas, was heute noch vorhanden geblieben ist in der geistigen Welt. Ja, es kann gefunden werden dieses Abbild des Ich des Jesus von Nazareth von Menschen, die sich dazu reif gemacht haben, dieses Abbild und damit zugleich der Glanz der Christus-Kraft und des Christus-Impulses, den es in sich trägt.

Der äußere physische Ausdruck für das Ich ist das Blut. Das ist ein großes Geheimnis. Es hat aber immer Menschen gegeben, die das wußten und denen bekannt war die Tatsache, daß Abbilder des Ichs des Jesus von Nazareth in der geistigen Welt vorhanden sind. Und es hat immer Menschen gegeben, die durch die Jahrhunderte hindurch, seit dem Ereignis von Golgatha, im geheimen dafür zu sorgen hatten, daß die Menschheit langsam heranreift, damit es Menschen gebe, die aufnehmen können die Abbilder des Ich des Jesus von Nazareth-Christus, wie es auch Menschen gegeben hat, die aufgenommen haben Abbilder seines Ätherleibes und Astralleibes. Dazu mußte das Geheimnis gefunden werden, wie ganz in der Stille, im tiefen Mysterium, dieses Ich aufbewahrt werden könne bis zum geeigneten Momente der Menschheits- und Erdenentwickelung. Es bildete sich dazu eine Bruderschaft von Eingeweihten, die dieses Geheimnis bewahrten: die Bruderschaft des Heiligen Gral. Sie hütete dieses Geheimnis. Diese Gesellschaft hat es immer gegeben. Und gesagt wird, daß ihr Ahnherr die Schale genommen hat, die der Christus Jesus beim Heiligen Abendmahl benutzt hatte, und in dieser Schale hat er aufgefangen das Blut des Erlösers, das vom Kreuze aus seinen Wunden floß. Gesammelt hat er das Blut, den Ausdruck des Ich, in dieser Schale, im Heiligen Gral. Er hat die Schale mit dem Blute des Erlösers, mit dem Geheimnis des Abbildes des Ich des Christus Jesus aufbewahrt am heiligen Ort, in der Bruderschaft, die durch ihre Einrichtungen und ihre Einweihung die Brüder vom Heiligen Gral sind.

Heute ist die Zeit gekommen, wo diese Geheimnisse verkündet werden dürfen, wenn die Herzen der Menschen sich reif machen lassen durch ein spirituelles Leben, so daß sie sich zum Verständnis erheben können dieses großen Mysteriums. Wenn sich die Seelen zum Verständnis solcher Geheimnisse anfachen lassen durch die Geisteswissenschaft, wenn unsere Seelen sich einleben zu solchem Verständnis, so werden die Seelen reif, im Anblick jener heiligen Schale das Mysterium von dem Christus-Ich, von dem ewigen Ich, zu dem jedes Menschen-Ich werden kann, kennenzulernen. Da ist es, dieses Geheimnis – herbei nur sollen sich die Menschen rufen lassen durch die Geisteswissenschaft, dieses Geheimnis als Tatsache zu verstehen, um das Christus-Ich im Anblick des Heiligen Gral zu empfangen. Dazu braucht man das, was da geschehen ist, zu verstehen als Tatsache, es hinzunehmen als Tatsache.

Dann aber, wenn die Menschen immer mehr vorbereitet sein werden zum Empfang des Christus-Ich, dann wird sich das Christus-Ich immer mehr in die Seelen der Menschen ergießen. Sie werden dann sich hinaufentwickeln dahin, wo ihr großes Vorbild, der Christus Jesus, stand. Die Menschen werden dadurch erst verstehen lernen, inwiefern der Christus Jesus das große Menschheitsvorbild ist. Und wenn die Menschheit das verstanden haben wird, wird sie beginnen, in ihrem tiefsten Innern zu ahnen, daß die Gewißheit, die Wahrheit von der Ewigkeit des Lebens von dem toten Leichnam am Holze des Kreuzes von Golgatha ausgeht. Die von dem Christus-Ich Inspirierten und Durchdrungenen, die Christen der Zukunft, werden noch anderes verstehen. Sie werden verstehen, was nur die Erleuchteten bisher verstanden haben. Nicht bloß den Christus werden sie verstehen, der durch den Tod gegangen ist, sondern sie werden verstehen den triumphierenden, in das spirituelle Feuer auferstehenden Christus der Apokalypse, der vorherverkündet worden ist. Und das Osterfest kann uns immer ein Symbolum sein für den Auferstandenen, ein Band, das geschlungen wird von dem Christus am Kreuze zu dem triumphierenden Christus, dem auferstandenen und erhobenen Christus, zu dem, der alle Menschen mit sich erhebt zur Rechten des Vaters.'

Wenn es nicht so wäre, dass diese hohen Ideale für die Menschen unserer Zeit im Bereich der Möglichkeiten der Verwirklichung lägen, müssten wir zu der Schlussfolgerung kommen, dass solche Vorträge Rudolf Steiners überhaupt keinen Sinn hätten. Sie wären dann schön und erhaben, hätten aber für uns gar keine Gültigkeit.

Das kann natürlich nicht der Fall sein. Wir können aus solchen Bildern für unsere eigene Zukunft die Anweisungen für einen Weg schöpfen, auf dem wir das Menschen-Ich für die Aufnahme des Ich von Jesus von Nazareth bereit machen. Das Ich des Jesus von Nazareth ging zwar aus den drei Hüllen heraus, um Platz für das Herniedersteigen des Christus-Wesens zu machen; es hatte aber als Realität in diesen drei Hüllen gewirkt.

Die ‚Wirkung' wurde mit dem Christus-Wesen erfüllt. *Dieses* ‚Ich' hat sich vervielfältigt. Unser eigenes Ich kann ein Gral werden, um dieses hohe ‚Ich' in sich aufzunehmen – so, wie einst das Christusblut in der Schale aufgefangen wurde, die Josef von Arimathia trug.

Unsere Zeit ist die Zeit der Durchdringung des Ich mit dem Christus-Jesus-Ich. Der Abstand zwischen beiden ‚Ich-Welten' ist unermesslich. Die Bescheidenheit kann nie groß genug sein.

Es kann nur ein starkes Ich sein, das diese Kraft des Christus-Jesus-Ich in sich ertragen kann.

Es ist also ein Weg der Selbstlosigkeit, der auf dem Resultat der Selbstsucht aufgebaut ist: Das Suchen und Finden des eigenen Ich als Wirklichkeit – nicht jenes Ich, zu dem man träumend ‚ich' sagt, wovon man weiß, dass man es ist –, das Ich als Wesen, das sich im denkenden Denken als übersinnliches Selbstbewusstsein bewusst wird und das sich mit dem wirklichen Willens-Ich verbindet, welches nicht nach außen aktiv ist, sondern sich völlig in der inneren Entwicklung entfaltet. Ich habe von verschiedenen Gesichtspunkten aus zu beschreiben versucht, wie der Mensch sein wahres Ich so entwickeln kann, dass das Christus-Ich darin aufgenommen werden kann.

Der notwendige erste Schritt ist die Entwicklung eines reinen Begriffsdenkens. Man kann nie zu einem ‚Es denkt in mir' kommen, wenn man nicht selbst rein denken kann. Es wäre allzu leicht, wenn man sich einfach öffnen und dann mit christlicher Weisheit durchströmen lassen könnte, ohne dass man selbst, aus eigener Kraft, ein Weiser geworden wäre!

Der erste Schritt ist also der Schritt der Entwicklung eines reinen, logisch exakten Denkens.

Die Logik von Aristoteles und die Mathematik von Pythagoras müssten Träger dieses reinen Denkens sein, das dann in eine Gestalt gebracht werden muss, welche ein organisches Denken ist.

Zur Übung eines reinen, logischen Denkens können die ersten vier Sätze des Prologs des Johannes-Evangeliums genommen werden, wobei zuerst geübt wird, die verschiedenen Worte zu Begriffen zu erheben, so dass das Wort ‚Urbeginn' nicht mehr Wort ist, sondern von wachsender Bedeutung erfüllt wird. Dafür ist ein Studium der Geisteswissenschaft unentbehrlich.

Danach kann als Vorübung für das organische Denken geübt werden, die verschiedenen Begriffe aus den ersten vier Sätzen gleichsam als *lebendige Wesen* miteinander in Verbindung zu bringen. Man könnte sagen: als ob es Vermählungen sind, die geschlossen werden. Dass das Wort im Urbeginn war, ist logisch gesehen ein Urteil. Das Wort ist das Substantiv, und ‚im Urbeginn' ist ein Zeitprädikat.

Es ist nicht ohne Nutzen, solche Überlegungen zu tun und sich darin zu vertiefen. Ein Führer auf diesem Weg kann das Werk von Johannes Scotus Eriugena und von Thomas von Aquin sein. Man muss dahin kommen wollen, dass man den lebendigen Begriff für ‚Urbeginn' und den lebendigen Begriff ‚Wort' fassen kann – natürlich in aller Bescheidenheit und in der Überzeugung, dass dieser Begriff eine unendliche Entwicklung erfahren kann.

Doch man kann durch eine meditative Vertiefung des Denkens so weit kommen, dass diese zwei Realitäten in ein Verhältnis zueinander kommen, so dass man selbst von einer Wirklichkeit des Urbeginnes und des Wortes berührt werden kann.

Auf eine solche Weise kann man auch ein philosophisches Werk, vor allem die ‚Philosophie der Freiheit' und ‚Wahrheit und Wissenschaft' von Rudolf Steiner durchdenken.

Das kann natürlich nicht in derselben Intensität und Langsamkeit geschehen, mit der man diese ersten vier Sätze des Prologs meditiert – dann bräuchte man mehrere Leben, um ein solches Buch durchzuarbeiten. Doch die Kernbegriffe müsste man dennoch auf diese Weise zu erwerben versuchen, und man wird versuchen müssen, diese Begriffe mit seinem eigenen Menschenwesen zu *vereinigen*. Es geht um einen selbst, man selbst ist der Wahrnehmende, der Denker, man hat seine Theorien, man sucht die Wahrheit oder meint, sie schon zu haben.

So wird ein solches Buch wie ‚Wahrheit und Wissenschaft' ein wahrer Entwicklungsweg, wobei man Schritt für Schritt innerlich das richtige Urteil bildet und unrichtige Urteile loslassen muss.

Dass man auf dem richtigen Weg ist, erlebt man in seinem eigenen Wesen als tiefe Berührung durch die Wahrheit und das Leben, das entlang dieses Wahrheitsweges gefunden wird. Denn in dem Maße, wie diese philosophischen Texte mit der Wirklichkeit des eigenen denkenden Ich identisch werden, wird das Denken *etwas absolut Lebendiges*. Nicht von heute auf morgen, vielleicht dauert es ein halbes Jahr oder ein halbes Leben, aber der Moment kommt.

So ist man dann ausgehend von einem entwickelten reinen Denken zu einem entwickelten lebendigen, organischen Denken gekommen, das sein Leben dadurch zeigt, dass es Kraft geworden ist.

Die Aktivität ist nicht mehr vorgestellt, sondern man fühlt, dass man vorwärtskommt, so, wie man beim Schwimmen durch das Wegdrücken des Wassers vorwärtskommt. Man kommt dann in ein Denken hinein, von dem man gewahr wird, dass es nicht in der gegenwärtigen Zeit verläuft. Man ist gleichsam aus dem Erleben des Augenblicks herausgehoben, in einen Zeitstrom, der nicht mehr eine Linie bildet, sondern in dem man fühlt, dass das eigentliche Denken, wie es lebendig ist, aus der Vergangenheit in einen einströmt.

Dies gibt einem auch das etwas beängstigende Gefühl, dass man in das Nichts hineinläuft. Denn die Vergangenheit wird nie gegenwärtige Zeit, es bleibt immer Vergangenheit. Es entsteht die Notwendigkeit, ein anderes Element in der Zeit zu suchen: es ist das Element, entlang dessen sich der Wille im innerlichen Sinne entfaltet.

In geringem Maße lebt der Wille natürlich in der Kraft des Denkens, dadurch ist das Denken aus dem Alltagsaugenblick in den übersinnlichen Zeitstrom der *Vergangenheit* gehoben. Doch in diesen Zeitstrom muss jedes Mal der Gegenstrom auslaufen, um innerlich im Gleichgewicht sein zu können.

Das ist die beschriebene Entwicklung des Bewusstseinswesens. Es ist ein Wille, der nicht die Gliedmaßen bewegt, sondern der die innere Entwicklung von Stufe zu Stufe bringt. Mit diesem Willen kommt der Zukunftsimpuls zum Impuls der Vergangenheit, und es entsteht eine Art übersinnlicher ‚Augenblick' – nicht ein Alltagsmoment, sondern eine im Bewusstsein sich stets metamorphosierende Begegnung zwischen Willen im Denken und Denken im Willen.

Dazwischen lebt das Gefühl, und obwohl dieses Hinausgehobensein über die alltägliche Persönlichkeit mit Gefühlen der allergrößten Glückseligkeit einhergeht, bleibt ein Grundgefühl tiefer Trauer bestehen, das mit der Tatsache zusammenhängt, dass die *eigene* Erlösung noch nicht bedeutet, dass die ganze Menschheit erlöst ist. Die Liebe für den Mitmenschen und für die Welt blüht gleichsam aus dieser Trauer auf, weil diese zu einem Impuls des Großen Hüters der Schwelle wird, der einen Seine Trauer fühlen lässt.

Während man selbst noch unterwegs ist, fühlt man, wie Seine Gnade einen aus dem allgemeinen Strom des Schicksals hebt, so dass allmählich mehr und mehr der Impuls in einem erwacht, als ein immer wieder äußerlich erscheinender Mensch auch Anderen den Weg zu dieser Gnade zu weisen.

So wird nach und nach das gewöhnliche Ich reif, die Nähe des großen Menschheits-Ich auch wirklich zu fühlen und zu denken – und schließlich auch wahrzunehmen.

Ein Musiker, ein Komponist würde dies, wenn er diesen Punkt erreicht hätte, vielleicht in einer Komposition hörbar machen können. Beschreibbar ist er absolut nicht.

Man kann immer nur beschreiben, was man innerlich tun kann, um an Ihn nicht nur glauben zu müssen, sondern Ihn auch wirklich anzuschauen. Die Schau selbst aber lässt sich nicht beschreiben.

Natürlich gibt es Beschreibungen, wie etwa die Beschreibung durch Paulus in der Apostelgeschichte:[58]

---

[58] Apostelgeschichte 9, 1-30.

‚Saulus aber schnaubte noch mit Drohen und Morden gegen die Jünger des Herrn und ging zum Hohenpriester und bat ihn um Briefe nach Damaskus an die Synagogen, damit er Anhänger des neuen Weges, Männer und Frauen, wenn er sie dort fände, gefesselt nach Jerusalem führe. Als er aber auf dem Wege war und in die Nähe von Damaskus kam, umleuchtete ihn plötzlich ein Licht vom Himmel; und er fiel auf die Erde und hörte eine Stimme, die sprach zu ihm: Saul, Saul, was verfolgst du mich? Er aber sprach: Herr, wer bist du? Der sprach: Ich bin Jesus, den du verfolgst. Steh auf und geh in die Stadt; da wird man dir sagen, was du tun sollst. Die Männer aber, die seine Gefährten waren, standen sprachlos da; denn sie hörten zwar die Stimme, aber sahen niemanden. Saulus aber richtete sich auf von der Erde; und als er seine Augen aufschlug, sah er nichts. Sie nahmen ihn aber bei der Hand und führten ihn nach Damaskus; und er konnte drei Tage nicht sehen und aß nicht und trank nicht.

Es war aber ein Jünger in Damaskus mit Namen Hananias; dem erschien der Herr und sprach: Hananias! Und er sprach: Hier bin ich, Herr. Der Herr sprach zu ihm: Steh auf und geh in die Straße, die die Gerade heißt, und frage in dem Haus des Judas nach einem Mann mit Namen Saulus von Tarsus. Denn siehe, er betet und hat in einer Erscheinung einen Mann gesehen mit Namen Hananias, der zu ihm hereinkam und die Hand auf ihn legte, damit er wieder sehend werde. Hananias aber antwortete: Herr, ich habe von vielen gehört über diesen Mann, wie viel Böses er deinen Heiligen in Jerusalem angetan hat; und hier hat er Vollmacht von den Hohenpriestern, alle gefangen zu nehmen, die deinen Namen anrufen. Doch der Herr sprach zu ihm: Geh nur hin; denn dieser ist mein auserwähltes Werkzeug, dass er meinen Namen trage vor Heiden und vor Könige und vor das Volk Israel. Ich will ihm zeigen, wie viel er leiden muss um meines Namens willen. Und Hananias ging hin und kam in das Haus und legte die Hände auf ihn und sprach: Lieber Bruder Saul, der Herr hat mich gesandt, Jesus, der dir auf dem Wege hierher erschienen ist, dass du wieder sehend und mit dem Heiligen Geist erfüllt werdest. Und sogleich fiel es von seinen Augen wie Schuppen und er wurde wieder sehend; und er stand auf, ließ sich taufen und nahm Speise zu sich und stärkte sich. Saulus blieb aber einige Tage bei den Jüngern in Damaskus.

Und alsbald predigte er in den Synagogen von Jesus, dass dieser Gottes Sohn sei. Alle aber, die es hörten, entsetzten sich und sprachen: Ist das nicht der, der in Jerusalem alle vernichten wollte, die diesen Namen anrufen, und ist er nicht deshalb hierher gekommen, dass er sie gefesselt zu den Hohenpriestern führe? Saulus aber gewann immer mehr an Kraft und trieb die Juden in die Enge, die in Damaskus wohnten, und bewies, dass Jesus der Christus ist.

Nach mehreren Tagen aber hielten die Juden Rat und beschlossen, ihn zu töten. Aber es wurde Saulus bekannt, dass sie ihm nachstellten. Sie bewachten Tag und Nacht auch die Tore, um ihn zu töten. Da nahmen ihn seine Jünger bei Nacht und ließen ihn in einem Korb die Mauer hinab.

Als er aber nach Jerusalem kam, versuchte er, sich zu den Jüngern zu halten; doch sie fürchteten sich alle vor ihm und glaubten nicht, dass er ein Jünger wäre. Barnabas aber nahm ihn zu sich und führte ihn zu den Aposteln und erzählte ihnen, wie Saulus auf dem Wege den Herrn gesehen und dass der mit ihm geredet und wie er in Damaskus im Namen Jesu frei und offen gepredigt hätte. Und er ging bei ihnen in Jerusalem ein und aus und predigte im Namen des Herrn frei und offen. Er redete und stritt auch mit den griechischen Juden; aber sie stellten ihm nach, um ihn zu töten. Als das die Brüder erfuhren, geleiteten sie ihn nach Cäsarea und schickten ihn weiter nach Tarsus.'

Es wird deutlich geworden sein: Hier wird ein Geschehen beschrieben, aber was Paulus nun genau geschaut hat, was er gefühlt hat, bleibt verborgen, ungeschrieben.

So gibt es auch die Beschreibung, dass Thomas von Aquin am Ende seines Lebens eine Erfahrung gehabt hat, die dazu geführt hat, dass er all sein Werk, seine Schriften, als *Stroh* betrachten musste, das eigentlich verbrannt werden könne. Was nun genau diese Erfahrung gewesen ist, bleibt ungeschrieben.

Auch Rudolf Steiner beschreibt in seinem ‚Lebensgang', wie er um die Jahrhundertwende vom 19. zum 20. Jahrhundert ein inneres Einsichtsfest durchlebt hat, indem er vor dem Mysterium von Golgatha stand. Auch da wird eine Tatsache beschrieben, ein Geschehen, aber nicht, was dieses Geschehen genau beinhaltete.

Man kann sagen, das ganze Werk Rudolf Steiners, was danach folgt, ist eine Darlegung dieses Geschehens.

‚Auf das geistige Gestanden-Haben vor dem Mysterium von Golgatha in innerster ernstester Erkenntnis-Feier kam es bei meiner Seelen-Entwickelung an.' [59]

So muss auch dieses Buch enden, ohne dieses Geschehen beschrieben zu haben.

Das Buch selbst ist die Beschreibung des Geschehens.

---

[59] Rudolf Steiner, Mein Lebensgang, GA 28, S. 363.

NICHT ICH, SONDERN CHRISTUS IN MIR

In dem Vortrag über die Vervielfachung der verschiedenen Wesensglieder von Jesus von Nazareth beschreibt Rudolf Steiner als letztes – dies beginnt in der Bewusstseinsseelenzeit, eine Möglichkeit zu werden – die Möglichkeit, im Ich das Ich von Jesus von Nazareth aufzunehmen. Dies muss wohl eine Ähnlichkeit mit demjenigen haben, was Paulus ausspricht, wenn er sagt: ‚Nicht ich, sondern...'

Das Ich ist das Wesensglied, in dem der Mensch völlig selbstbewusst wach ist, und wir müssen dieses Ich als ein Organ auffassen, das zu einem heiligen Gral werden kann. In diesen Gral kann dann das ICH des Christus Jesus aufgenommen werden, indem das eigene Ich sich in Freiheit mit jenem vervielfältigten Wesensglied, dem Ich des Jesus von Nazareth, verbindet, das, bevor das makrokosmische Christus-ICH sich bei der Jordantaufe mit Jesus verband, das volle Ich von Jesus von Nazareth war. Es findet da ein Austausch statt. Das Ich von Jesus von Nazareth hat sich bereits einige Tage zuvor zurückgezogen, und bei der Taufe verbindet sich das makrokosmische Christus-ICH mit Jesus von Nazareth. Doch es bleibt natürlich ein spirituelles Band mit dem Christus-ICH bestehen, das dann noch drei Jahre in den Hüllen lebt, in denen das Ich von Jesus von Nazareth dreißig Jahre gelebt hat.

Ein Mensch kann natürlich nie meinen, es könne sich in ihm etwas derartiges vollziehen, was sich bei der Taufe im Jordan vollzogen hat. So darf man dieses ‚Nicht ich, sondern...' nicht sehen. Der Mensch soll nicht erst das eigene Ich verlieren, um dann stattdessen das Christus-Ich zu empfangen. Dennoch ist dies die Art und Weise, in der viele Menschen, die nach diesem Erleben streben, diese Worte auffassen. Das ist oft überhaupt nicht bewusst der Fall, doch es lebt im Menschen eine tiefe Sehnsucht, alles aus der Hand zu geben und sich von einem Wesen erfüllen zu lassen, welches dann das Ruder übernimmt. Es ist an diesem Punkt der Entwicklung von größter Wichtigkeit, dass eingesehen wird, dass die Bewusstseinsseele, das sich seiner selbst bewusste Ich, aus Freiheit dazu kommen soll, nicht dieses Ich auszutauschen, sondern dieses Ich so zu formen, dass es Gral für das Christus-ICH wird.

Es ist nicht das Wort selbst, das dann aus dem Menschen spricht, sondern der Mensch wird zur Stimme, die das Wort sprechen kann. In der Schule von Chartres sah man so Johannes den Täufer. Christus ist das Wort, Johannes der Täufer ist die Stimme, mit der das Wort gesprochen wird. In diesem Sinne kann jeder Mensch zu einem Johannes der Täufer werden.

Der Mensch tauscht das Ich nicht aus, sondern macht es zu einem so reinen Klangkörper, dass das Wort daraus erklingen kann. Dies geht weiter als dasjenige, was außerhalb des eigenen Willens des Menschen an ihm geschieht, so wie in der Vergangenheit der Ätherleib mit einem Abdruck des Ätherleibes von Jesus von Nazareth durchwebt werden konnte und wie dies in einer späteren Zeit mit dem Astralleib geschehen konnte. Mit dem Ich kann dies nie außerhalb des Willens der Individualität geschehen. Das Ich ist schließlich die Wachheit selbst, und das Ich muss sich für diese Umbildung seines Wesens selbst entscheiden und die Übungen vollbringen und ‚Maßnahmen' ergreifen, die im Vorangegangenen als Annäherung an Christus beschrieben wurden. Wenn diese Annäherung so ist, dass das eigene Ich eine Verwandtschaft mit dem Christus-Ich hat, dann kann dieses eigene Ich die Kraft zu sprechen verwenden, um das Christus-Wort anstelle des eigenen Wortes wiederzugeben. Das Ich kann in sich selbst so viel an Reinheit entwickelt haben, dass es ein reines Denken hat, welches so still werden kann, dass nicht ich, sondern Christus im Ich denkt. Aber dann ist nicht das Ich ausgetauscht, sondern das Ich trägt als Christophor das Christus-Ich.

Dasselbe gilt für das Fühlen und das Wollen, in einer verstärkten Form. Im Denken ist das Ich in seinem Element wach, im Fühlen nur halb (darin lebt man gleichsam träumend) und im Wollen nicht (hier schläft man). Durch den Entwicklungsweg dringt die Wachheit des Denkens allmählich bis in das Fühlen und in den Willen vor, und es entsteht die Möglichkeit, auch in diesen tieferen Schichten die Ich-Kraft zur Verfügung zu stellen, um nicht das eigene Fühlen und das eigene Wollen zu entfalten, sondern sagen zu können: Nicht ich, sondern...

Es ist gerade das rein Christliche, dass das ganz Individuelle des Menschen nicht geopfert wird, sondern erhalten bleibt und gleichsam das Kleid wird, in dem dieses hohe kosmische Wesen sich allmählich zeigt, während jenes Individuelle spricht: Nicht ich, sondern Christus in mir.